로완 윌리엄스와의 대화

정의와 사랑에 관하여

Justice and Love: A Philosophical Dialogue

로완 윌리엄스와의 대화

정의와 사랑에 관하여

로완 윌리엄스, 메리 저나지 지음
강성윤, 민경찬 옮김

비아

| 차례 |

일러두기

· 역자 주석의 경우 *표시를 해 두었습니다.

· 단행본 서적이나 잡지, 신문의 경우「」표기를, 논문이나 글의
  경우「 」 음악 작품이나 미술 작품의 경우《 》표기를 사용했습
  니다.

오늘날 거룩함으로 가는 길은
필연적으로 행동의 세계를 통과한다.

- 다그 함마르셀드

감사의 말

우리의 동료, 친구, 그리고 학생에게 감사를 전합니다. 그들은 이 대담집을 기획하고 만드는 동안 수년에 걸쳐 우리에게 영감을 주었습니다. 이 대담집에 대한 기획을 받아들이고 출판해 준 라이자 톰슨Liza Thompson에게 깊이 감사드립니다. 책을 출판할 때까지 우리가 함께 이야기를 나눌 수 있도록 도와준 루시 러셀Lucy Russell, 리사 굿럼Lisa Goodrum, 원고의 마지막 단계에서 도움을 준 카밀 누르카Camille Nurka를 기억합니다. 로완 윌리엄스는 수년에 걸쳐 자신과 이야기를 나누어 준 니콜라스 보일Nicholas Boyle, 제임스 멈포드James Mumford, 리처드 세넷Richard Sennett, 찰스 테일러Charles Taylor와 같은 동료와 친구들. 그리고 거스 하워드Gus Howard, 라그나 버르겜Ragnar Bergem과 학생들에게, 메리 저나지는 수년간 윤리, 사랑, 바울의 저작들에 대해 멋진 대화를 나누어 준 크리스토스 치오카스Christos Tsiolkas에게 감사를 전합니다.

들어가며

정의와 사랑에 관한 몇 가지 생각

재판정에서

이 책은 한 사건에서 시작되었습니다. 이 일을 겪으며 저는 정의에 관해, 종종 정의가 이루어지지 않는다는 사실에 관해 숙고했습니다. 아버지는 말년에 치매를 앓았습니다. 시간이 지나면서 점점 더 기이할 정도로 기뻐하는 모습, 분노하는 모습, 슬퍼하는 모습, 공포에 휩싸인 모습을 보이셨지요. 몸이 실제 세계와 그 의미를 탐색하기 어려워지자 환상이 아버지를 사로잡았습니다. 그는 거실 한가운데서, 저녁 식사를 하는 와중에, 잠을 자다가 갑자기 호메로스 풍의 시를 큰소리로 읊었습니다. 그 시는 운율만 갖추었을 뿐 아무런 일관성도 없었습니다. 아버지에게는 생생하고 의미 있는 것이었겠지만 말이지요.

아버지의 치매 증세가 심해지면서 부모와 자식의 관계는 바뀌었습니다. 아버지는 도덕적 가치들, 도덕적 가치에 대한 서로 다른 생각들이 충돌하는 기나긴 다툼에 휘말렸습니다. 우리 가족은 아버지를 돌볼 '권리'right, 문자 그대로의 의미든 일종의 은유든 아버지의 '유산'을 관리할 자격이 누구에게 있는지를 두고 싸웠습니다. 결코 보고 싶지 않던 인간관계의 적나라한 모습, 이기적이고 복잡한 측면이 드러났습니다. 올바름, 정의를 위한 분투는 권력 투쟁, 집안싸움으로 전락했습니다.

아버지를 누가 돌볼 것이냐는 문제를 두고 법원에서 심리가 이루어지는 동안 가족 구성원들은 저마다 자신이 아버지에게 얼마나 헌신적인 사람인지, 자신이 얼마나 아버지와 관련된 지분을 갖고 있는지 떠들기 바빴습니다. 자신을 향한 말들, 자신에 관한 말들이 점점 더 소리가 커지고 무의미한 지껄임이 되어 가자 아버지는 눈에 띌 정도로 불안해했지요. 그는 조용히 눈물을 흘렸습니다. 한 가장이 자기도 모르는 사이에 재판정에 선 상황, 서로가 '자격'이 있다는 이기적인 환상이 펼쳐지는 가운데 당사자는 정신적 충격을 받은 상황, 당사자의 현실과 경험은 폄하되는 상황에서 무엇이 옳고 무엇이 그른지 판단해 줄 정의의 저울은 존재하지 않았습니다.

어떤 면에서 아버지의 이야기는 『리어 왕』King Lear을 살짝 비틀어 놓은 것처럼 보이기도 합니다. 『리어 왕』에서 늙은 가장은 세 딸이 자신을 얼마나 사랑하는지, 얼마나 친밀히 여기는지를 보고 그에 따라 재산을 나누어 줍니다. 리건과 고너릴은 아버지 리어 왕을 사랑한다고 말했지만, 그 사랑은 딸로서 해야 할 일,

아버지에 대한 의무를 기꺼이 받아들이는 사랑이 아니었습니다. 막내딸 코델리어는 언니들처럼 충심을 드러내지 않았다는 이유로 영원히 추방당합니다. 리건과 고너릴이 권력을 탐내 자신들의 아버지는 물론, 서로를 향해서도 음모를 꾸미는 사이, 리어 왕은 모든 권한과 위엄을 잃고 버림받습니다. 이내 그는 실성합니다. 저의 이야기, 그리고 리어 왕 이야기는 세계를 권리와 권력을 중심으로 상상할 때, 누군가와 사랑을 주고받는 것을 순전한 권력 다툼, 경제적 교환이라는 틀 안에서 이해하고 우리가 다른 이들의 '고통'을 놓치게 됨을 보여 줍니다. 실제 삶에서 우리는 법에서 이야기하는 '정의'와 인간관계에서 따라야 할 '도덕'이 언제나 일치하지는 않음을 압니다.

『리어 왕』에서 우리는 우리의 모습을 발견합니다. 정치적 간계로 뒤틀린 세계에서 사람들은 자신의 자격과 권리를 고집하고 시장 가치와 권력은 배반과 기만으로 얼룩집니다. 이런 담론의 장에서 '권력'을 갖지 못한 이들은 커다란 위험에 처하게 되지요. 현실에서 치매에 걸린 가장인 아버지는 사적으로든 공적으로든 정의(혹은 불의)와 충돌하며 교환 가치의 일부가 되었습니다. 그렇게 법은 자신의 한계를 드러냅니다.

철학자이자 신비가이며 정치 활동가이기도 한 시몬 베유 Simone Weil는 '자신이 자격이 있으며 권리를 갖고 있다는 생각'과 '고통의 경험'을 구별하는 유용한 방법을 가르쳐 줍니다.

정의란 누군가에게 '해를 입히지 않는 것'이다. 누군가 마음속에서 '왜 내가 해를 입어야 하는가?'라고 울부짖는다면 그는 해를 입은 것이 맞다. 물론 그는 자신이 입은 해가 무엇인지 제대로 정의하지 못할 수도 있고, 누가 자신에게 해를 입히는지 잘못 판단할 수도 있다. 하지만 그 울부짖음 자체는 결코 틀릴 수 없다.

또 누군가는 마음속으로 울부짖는다. '어째서 저 사람은 나보다 많이 가졌는가?' 이는 자신의 권리를 주장하는 것이다. 우리는 이 둘을 구별할 줄 알아야 하고, 두 번째 울부짖음의 경우 법전, 법원, 경찰 등 가능한 모든 수단을 동원해, 가능한 한 부드럽게 달래 주어야한다. 이런 문제를 해결하는 법은 법학과에서 배울 수 있다. 하지만 '왜 내가 해를 입어야 하는가?'라는 울부짖음은 전혀 다른 문제들을 제기한다. 이를 해결하기 위해서는 진실, 정의, 사랑의 정신이 필요하다.[1]

베유가 말했듯 관심과 사랑의 정신 없이 권리에 대해서만 이야기하면 "전쟁의 가능성"은 커지고, 갈등의 불씨가 타오릅니다. "사회에서 일어나는 갈등의 중심에 권리를 놓으면 양쪽에서 일어날 수 있는 사랑의 가능성이 차단된다." 정의가 실현되기 위해서는 사랑을 비롯한 여러 덕이 발휘되어야 합니다.

그렇다면 우리는 사람들이 겪는 불의, 고통, 궁핍에 어떻게

---

1 Simone Weil, 'Human Personality', *Simone Weil: An Anthology* (London: Penguin Modern Classics, 2005), 93.

응답하고 대처해야 할까요? 마하트마 간디Mahatma Gandhi, 마틴 루터 킹Martin Luther King 같은 운동가들은 사랑, 진실, 정의를 향한 관심을 고취하기 위해 다양한 방식의 비폭력 운동을 전개하고, 공적, 정치적 영역에서 영적 차원에 대한 생각이 반드시 필요하다는 점을 일깨웠습니다. 이때 영적 차원을 의식하는 것은 어떤 진리에 대한 교리를 받아들이는 것이 아니라 인간과 비인간 생명체의 가치를 숙고하고, 친교와 연대로부터 생겨나는 관계를 올바로 인식하기 위해 윤리적으로 분투하는 것을 말합니다.

후기 자본주의 시대인 오늘날 이 문제는 더욱 긴급하고, 중요한 문제로 떠올랐습니다. 마이클 샌델Michael Sandel이 지적했듯 시장 사회와 정의로운 사회는 동일하지 않습니다.[2] 이 책의 이야기는 정의에 관한 물음을 던지고 서로 다른 가치들과 덕목들을 연결하는 법을 모색하면서 시작됩니다. 우리 삶의 영적 차원에 대한 탐구가 반드시 종교에 대한 탐구를 뜻하지는 않습니다. 하지만 그리스도교 신학과 철학의 언어는 여전히 우리에게 많은 가르침을 줄 수 있습니다. 신학과 철학은 우리가 분열되지 않고 연결되는 법, 사회적 유대를 추구하고 강화하는 법을 상상하는 데 도움을 줍니다.

---

2 Michael Sandel, *Justice: What's the Right Thing to Do?* (New York: Farrar, Straus and Giroux, 2009) 『정의란 무엇인가』(와이즈베리)

내세

리키 저베이스Ricky Gervais가 만든《애프터 라이프 앵그리맨》After Life이라는 넷플릭스 드라마가 있습니다.[3] 이 드라마는 가까운 사람의 죽음을 맞닥뜨린 후에 자기도취에 빠져 자신에게만 골몰했던 인간이 다른 도덕적, 사회적 가치를 이해하는 과정을 그립니다. 신문 기자 토니 존슨Tony Johnson(리키 저베이스 본인이 연기했습니다)은 아내가 세상을 떠난 뒤로 삶이 무의미하다고 여기고 진지하게 자살을 고려합니다. 하지만 그러한 가운데 그는 아내가 '내세'에서 자신에게 보낸 말을 접합니다. 죽기 전, 그녀가 토니를 위해 영상을 남겨 둔 것이었지요. 영상을 통해 아내는 토니가 생활하면서 주의할 점들, 이기적인 행동을 일삼는 토니가 그럼에도 살아가려면 지켜야 할 것들에 대해 조언합니다. 아내의 조언을 받아들여 토니는 '선한 것'에 대해, 삶의 기쁨에 대해, 슬픔에 잠긴 와중에도 삶의 방향을 바꾸는 법에 대해 숙고합니다. 그리고 자신의 반려견에 대한 책임감, 신문에 실으려 모아둔 이야기들에 대한 애정으로 삶을 이어가지요. 그가 모은 이야기들에는 다른 이들의 삶, 그들의 독특한 특징, 그들이 세상을 이해하는 종종 괴상하지만 멋진 방식이 담겨 있습니다.

'내세'라는 제목을 지니고 있지만, 저베이스가 결국 관심을 두는 것은 현세, 즉 '지금, 여기'에서의 윤리적 삶입니다.《애프

---

3 Ricky Gervais(dir.), *After Life* (Los Gatos: Netflix)《애프터 라이프 앵그리맨》(넷플릭스)

터 라이프 앵그리맨》은 복잡다단한 우리 개인의 삶, 사회적 삶에서 도덕의 가치에 대해 생각해 보고 도덕적인 삶을 재구성하는 데 좋은 자극을 줍니다. 저베이스와 마찬가지로 저도 종교가 없습니다. 하지만 저는 어려서부터 그리스 정교회의 영향을 받았고 아버지가 세상을 떠난 뒤 치른 정교회 장례 의례에 깊은 감명을 받고 커다란 위로를 얻었습니다. 이후 홀린 듯 교회, 성당을 찾곤 했지요. 설교나 강론을 듣기 위해서가 아니었습니다. 저에게는 저에게 닥친 슬픔을 관조할 공간, 아버지가 병을 앓고 가족 관계가 무너지는 가운데 목격한 비극을 사유할 공간, 멈추어 서서 숨을 고를 공간이 필요했습니다. 그리스도교 의례, 종교 언어는 제가 일상에서 세계와 마주했을 때 어떻게 반응해야 하는지 숙고해 보는 데, 특히 슬픔에 잠겨 있거나 어려움을 겪고 있을 때 마음을 추스르고 새로운 상상을 하는 데 도움을 주었습니다.

《애프터 라이프 앵그리맨》은 우리가 어떻게 삶의 다양한 면모를 받아들일 수 있는지를 이야기해 줍니다. 그리고 이 '받아들임'은 (저베이스는 동의하지 않을지도 모르지만) 어느 정도 종교적 차원과 관련이 있으며 종교 언어에 일정 부분 의지하고 있지요. 종교는 삶에서 일어나는 슬픔을 받아들이는 법, 서로에 대한 배려, 친절, 긍휼, 연민의 필요에 대해 말하고 있기 때문입니다. 저베이스처럼 완고한 세속주의자조차 삶에 대한 이런 접근이 어느 날 갑자기, 그냥 생겼다고 생각하지는 않을 것입니다. 이런 덕목들은 수많은 철학과 종교 전통이 발전하는 가운데 생겨났습니다. 찰스 테일러Charles Taylor가 상기시켜 주듯, 우리가 살아가는 세속 세계는 다양한 사회적, 역사적, 문화적 실천들, 달리 말하면 서로 다른 시대, 서로 다른 사회 집단을 통해 드러난 각양각색의 신념 체계들이 엮인 일종의 집합체입니다.[4]

이런 점을 고려하면 헤겔G. W. F. Hegel이나 니체Friedrich Nietzsche를 포함한 다양한 철학에서 길어 올린 '신은 죽었다'는 선언은 새로운 사유 습관, 도덕의 습관에 대한 요청일 것입니다. 이러한 요청은 신념 체계가 역사에서 변화할 때 일어나며, 그 변화의 일부라고도 할 수 있습니다. 그리고 새로운 습관을 갖추려면 근대성의 발흥 전후에 나타난 사유 방식과 윤리적 삶의 방식들이 무엇인지, 우리의 삶이 어떤 식으로 형성되어 있는지를 검토해 볼 필요가 있습니다. 아리스토텔레스부터 알래스데어 매킨타이어 Alasdair McIntyre 같은 현대 사상가에 이르기까지 많은 철학자는 정의란 덕 있는 삶의 일부이며 정의를 말하는 것은 우리 자신에 관해 이야기하는 것, 우리의 소속감에 관해 이야기하는 것과 연관이 있다고 지적했습니다.[5] 마이클 샌델이 밝혔듯 칸트Immanuel Kant부터 롤스John Rawls에 이르는 정의론은 인간의 보편성과 존

---

4 Charles Taylor, *A Secular Age* (Cambridge: Harvard University Press, 2007)

5 Aristotle, *Nicomachean Ethics* (Cambridge: Harvard University Press, 1926) 『니코마코스 윤리학』(길) Alasdair MacIntyre, *After Virtue: A Study in Moral Theory* (London: Bloomsbury, 1981)

엄정, 그리고 선택의 자유를 강력히 주장합니다. 하지만 권리가 '선'good보다 우선한다는 이들의 생각이 언제나 우리를 최선의 삶으로 인도하지는 않지요. 우리는 절망과 비극의 순간들, 개인이 경험하고 집단이 공유하는 이야기의 일부인 그런 순간들을 어떻게 이해할지 생각해 보아야 합니다.

아이리스 머독Iris Murdoch의 작품은 이런 맥락에서 큰 도움이 됩니다. 『선의 군림』The Sovereignty of Good에서 머독은 선과 상상력을 결합하면서 정의의 문제를 탐색하고, 선을 추구하는 과정이 어떻게 문화적 습관을 재정립하게 하는지, 삶의 문제를 어떻게 올바르게 인식하게 하는지를 보여 주지요.[6] 그녀의 철학은 윤리적이고 덕 있는 삶이 갖추어야 할 요소가 무엇인지 묻고 논의할 여지를 만들어 냅니다. 그리고 우리가 어떻게 하면 더 나은 사람이 될 수 있는지, 개인적 삶과 사회적 삶이 머금고 있는 신비와 가치를 이해하려 할 때 이야기와 상상이 어떤 도움을 주는지를 일러 주지요. 머독은 말합니다.

> 우리는 세계에서 도피하기 위해서가 아니라 세계에 참여하기 위해 상상력을 활용한다. 이로써 우리는 일상으로 무뎌진 의식과 실재에 대한 포괄적 이해 사이의 간극을 느끼고 기분 좋은 자극을 받는다. 이때 가치와 관련된 개념들은 세계와 명백히 연결된다. 이 개념

---

6 Iris Murdoch, *The Sovereignty of Good* (London and New York: Routledge, 1971) 『선의 군림』(이숲)

들은 진리를 추구하는 정신과 세계 사이에 걸쳐 있는 것이지, 개인의 의지에 종속되어 여기저기 배회하는 것이 아니다. 도덕의 권위란 곧 진리의 권위, 실재의 권위다. 끈기 있는 관심을 통해 정확성이 올바른 분별력으로 거듭 변화하면 우리는 이러한 개념들의 폭과 외연을 볼 수 있다. 우리는 또한 인간이라는 특별한 존재에게 사랑은 정의와, 밝은 안목은 실재를 향한 경의와 분리될 수 없음을 알게 된다.[7]

그러므로 정의의 실현 여부는 상상력과 현실을 결합해 우리를 둘러싼 불의에 맞서는 데 필요한 돌봄과 관심을 만들어 내는 것에 달려 있습니다. 이 책은 우리의 사회 현실을 지금과는 다르게 생각하고 다르게 느끼기 위해, 또 대안적인 전망을 제시하기 위해 상상력과 현실을 결합하는 방법에 관해 물음을 던집니다.

헤아리기

프란츠 파농Frantz Fanon이 쓴 『대지의 저주받은 사람들』The Wretched of the Earth은 얽히고설킨 식민지 역사라는 맥락 안에서, 우리가 삶에서 '비참함'을 다루는 방식을 고찰하며 정의와 억압받는 이들의 문제를 다룹니다.[8] '억압하는 이'이자 '억압받는 이'라

---

7 Iris Murdoch, *The Sovereignty of Good*, 88.

8 Frantz Fanon, *The Wretched of the Earth* (New York: Gove Press, 2004) 『대지의

는 우리의 복합적인 역할을 우리는 어떻게 보아야 할까요? 그리고 그러한 역사의 유산에 대해 우리는 어떻게 사유해야 할까요? 영화《알제리 전투》Battle of Algiers를 본 뒤 뇌리를 떠나지 않는 한 장면이 있습니다. 프랑스인 거주지 한복판에서 폭탄이 터집니다.[9] 같은 시간, 몇 블록 떨어진 곳에서는 동네에 사는 한 노동자가 이런저런 생각을 하며 출근 중입니다. 폭탄이 터진 현장은 말 그대로 아수라장이 되지요. 프랑스인 거주지에 있는 경찰과 시민들은 여기저기서 소리치고 비명을 지릅니다. 경찰은 범인을 찾느라 정신이 없습니다. 분노와 혼돈으로 가득한 상황을 맞닥뜨린 노동자는 군중의 분노를 느끼기 시작하고, 겁에 질려 폭력과 증오를 피해 달아나지요. 그의 얼굴에는 혼란스러운 기색이 역력합니다. 결국, 노동자는 체포되어 폭발 사건의 범인으로 지목당합니다. 잘못된 시간, 잘못된 장소에 있었던 것이지요. 이는 평범한 사람이 권력과 힘의 논리를 마주하는 폭력적인 상황의 전형이라 할 수 있습니다. 이 논리는 그의 개인적이고 직접적인 경험, 살아가는 현실과는 거의 관련이 없습니다. 역사에서 일어나는 범죄들, 폭력의 순환은 이런 식으로 이어지지요.

「일리아스 또는 힘의 시」The Iliad, or, the Poem of Force라는 글에서 베유는 힘과 폭력으로 대결하는 게임에서는 누구도 승리자가 될

저주받은 사람들』(그린비)

9 Gillo Pontecorv(dir.), *Battle of Algiers* (Rome: Casbah Film, Igor Film, 1966)

수 없다고 주장합니다.[10] 폭력은 인간의 '수용' 능력, 베유의 말을 빌리면 "거부할 수 있는 힘"을 제한합니다. 이때 거부할 수 있는 힘이란 폭력의 순환 고리를 끊어 내는 결단을 '받아들일 수 있는', 그 필요성을 인정하는 능력을 뜻하지요. 현실에서 이 순환 고리를 거부할 수 있으려면, 거부하는 이에게 선택할 수 있는 기회가 있어야 하며 그가 안전한 조건에 있어야 합니다. 거부하는 힘을 용납하지 않는 제도, 구조의 폭력은 사람들을 침묵하게 만들지요. 누군가 자신에게 가해지는 폭력을 '거부'할 수 없을 정도로 십자포화를 맞는 경우를 우리는 흔히 봅니다. 이는 불의의 가장 극단적인 형태라 할 수 있지요. 베유의 제안처럼 누구에게든, 지각이 있는 것이든 없는 것이든 그 어떤 생명체에게도 해를 입혀서는 안 된다는 정의의 언어를 북돋울 필요가 있습니다. 정의로운 사회는 폭력을 거부할 수 있는 힘을 허용함으로써 폭력의 힘을 억제합니다. 이러기 위해서는 개인에게, 사회에, 그렇게 할 수 있는 잠재력이 있어야 합니다. 그래야 나라 전체, 혹은 시민 전체가 어떤 힘에 휘둘리지 않고 궁핍한 이들을 돌볼 수 있습니다.

오늘날 이런 거부하는 힘은 시민권에서 나옵니다. 낯선 이들, 이를테면 이민자들과 난민들은 이를 여실히 보여 주지요. 철학자 한나 아렌트Hannah Arendt가 말했듯 20세기에(그리고 21세기인 지

---

10 Simone Weil, 'The Iliad, or, the Poem of Force', *Chicago Review* 18, no. 2(1965), 5-30. 『일리아스 또는 힘의 시』(리시올)

금도) 정치 영역에서 규정한 '인간의 권리'에서 국적 없는 사람, 난민은 배제됩니다. 그리고 이들에 대한 침해는 오히려 증가했습니다.[11] 국적 없는 사람이 시민이 될 권리를 갖고 있지 않다는 뜻은 곧 그가 인간으로서 가져야 할 권리를 갖고 있지 않음을 뜻합니다. 파농, 베유, 아렌트는 각기 다른 방식으로 주권 국가, 그리고 법이 비시민으로 분류한 사람의 인간으로서의 가치를 부정함으로써 비실재화라는 폭력을 저지른다는 점을 지적합니다. 우리를 인간 되게 하는 '울부짖음'이 거부당할 때, 우리 모두가 경험하는 사랑과 상실은 거부됩니다. 이런 의미의 권리가 부정당할 때 인간의 존엄성은 격하됩니다. 언젠가 철학자 주디스 버틀러Judith Butler는 물었습니다.

우리는 누구의 삶을 애도하는가?[12]

이 질문을 던짐으로써 우리는 타인의 궁핍을 돌아보게 됩니다.[13] 이방인들은 세계 저편에 있지 않습니다. 그들은 강탈과 추방의

---

11 다음을 보십시오. Hannah Arendt, *The Origins of Totalitarianism* (London: Penguin, 2017)『전체주의의 기원』(한길사)

12 Judith Butler, *Precarious Life: The Powers of Mourning and Violence* (London and New York: Verso, 2006)『위태로운 삶』(필로소픽) 그리고 Judith Butler, *Frames of War: When Is Life Grievable?* (New York: Verso, 2016)

13 다음을 참조하십시오. Emmanuel Levinas, *Ethics and Infinity: Conversations with Philippe Nemo* (Pittsburgh: Duquesne University Press, 1995)『윤리와 무한』(도서출판 100) Emmanuel Levinas, *Difficult Freedom: Essays on Judaism* (Baltimore: Johns Hopkins University Press, 1997)

이야기로 가득한 인간의 역사, 그러한 역사의 결과인 현실의 일부입니다. 타인의 궁핍과 이들의 비실재화라는 문제에 어떻게 대처해야 하느냐는 물음은 이 책 전체에 걸친 정의와 사랑에 관한 대화에서 핵심을 이룹니다. 지역 차원에서, 또 전 지구적 차원에서 공동체와 정체성에 관한 물음이 어떤 문제를 제기하는지 이해하는 과정에서도 이 같은 고민은 중요한 역할을 합니다.

은총

비극『리어 왕』에는 코델리어와 리어 왕 사이에 피어나는 은총의 순간이 있습니다. 두 사람은 권력을 쥐고자 하는 리건, 고너릴, 그리고 둘의 남편들의 두려움과 배반 때문에 감옥에 갇힙니다. 코델리어는 리어가 자신을 추방했던 과거를 용서하고 두 사람은 참된 기쁨의 순간을 맛보지요. 그 순간도 잠시, 코델리어는 때 이른 죽음을 맞이합니다. 어떤 의미에서, 우리는 모두 우리가 저지르지 않은 범죄로 인해 심판대에 오릅니다. 역사의 유산으로 발생하는 개인의 상처, 집단의 상처는 우리 한 사람 한 사람의 슬픔을 증언하는 동시에 특정 지역, 나아가 전 지구에 퍼져 있는 우리 마음속 비참을 증언합니다. 이런 점에서 코델리어는 치유자의 완벽한 본보기라 할 수 있을 것입니다. 그녀는 온갖 역경에도 불구하고 사랑을 베풂으로써 은총과 자비를 드러내니 말이지요.

비극이 종종 그러하듯 은총은 세계가 보이는 게 전부가 아님을 일깨웁니다. 그리고 이를 깨달음으로써 우리는 다른 현실, 다른 삶의 가능성을 모색하게 됩니다. 미국의 소설가 플래너리 오코너Flannery O'Connor는 그리스도교 작가이자 소설가로서 바로 이 측면, 은총이 일으키는 경외감에 주목했습니다. 언젠가 그녀는 썼습니다.

인간의 얇은 감각에서 출발한다. 소설가는 바로 이 인간의 깨달음이 시작되는 순간을 주목한다.[14]

또 다른 곳에서 그녀는 철학자 자크 마리탱Jacques Maritain의 개념을 빌려 '예술이라는 습관'의 목적은 우리에게 진실을 보여 주는데 있다고 말했습니다. 같은 맥락에서 예술은 우리에게 충격을 주어 우리가 무시하고 지나쳤을 불의에 주목하도록 돕습니다.

표도르 도스토옙스키Fyodor Dostoevsky와 같은 작가들은 우리의 일상 곳곳에 놓인 '심판'과 비극의 순간들을 눈여겨보게 합니다. 그리고 우리가 저 심판과 비극의 공모자임을 폭로하지요. 최근 호주의 작가 크리스토스 치오카스Christos Tsiolkas가 쓴 『다마스쿠스』Damascus는 바울에 대해, 바울이 윤리적 삶을 살도록 이끈 은총의 순간들에 대해, 그리고 보편적 그리스도교 윤리의 토

---

14 Flannery O'Connor, *Mystery and Manners* (New York: Farrar, Straus and Giroux, 1970), 67.

대에 대해 다룬 바 있습니다.[15] 이러한 소설은 좋은 예술 작품들이 으레 그러듯 우리에게 충격을 안깁니다. 현실을 새롭게 들여다볼 렌즈를 주기 때문이지요. 예술에서 비극과 상상력은 권력과 언어의 담론으로부터 소외된 인간 경험에 도달할 수 있게 해줍니다.

이렇게 예술은 아름다움, 정의와 연결됩니다. 작가 일레인 스캐리Elaine Scarry가 밝혔듯 아름다움beauty이라는 단어의 어원은 정의와 연관이 있습니다. 그녀는 우리의 '공정'fairness에 대한 감각이 아름다움과 연결되어 있다고 제안합니다. 그녀에 따르면 아름다움은 "감각에 직접 호소함으로써 우리를 멈추게 하고, 얼어붙게 만들고, 넘쳐 나는 생기로 우리를 가득" 채웁니다.[16] 이와 비슷한 맥락에서 시몬 베유는 삶에 관심을 기울인다는 것은 곧 삶의 "벌거벗은 순간"을 사는 것, 시간과 만나는 공간을 열어젖히는 "순수하고 즉각적인 현재"를 사는 것이라고 말한 바 있지요. 이렇게 할 때 우리는 아름다움의 일상적인 면과 신비로운 면을 모두 감지할 수 있고, 이기심과 무관심이 아닌 호기심과 관심을 바탕으로 세계를 향해 응답할 수 있습니다. 시인 라이너 마리아 릴케Rainer Maria Rilke가 말했듯 아름다움은 놀랍고도 무서운 것입니다. '공정'과 아름다움은 저울 양쪽의 균형을 잡는 식의 정의와 연결

---

15 Christos Tsiolkas, *Damascus* (Sydney: Allen and Unwin, 2019)

16 Elaine Scarry, *On Beauty and Being Just* (Princeton: Princeton University Press, 1999), 89. 『아름다움과 정의로움에 대하여』(도서출판 b)

되어 있다기보다는, 우리가 이 세계에서 조우하는 예쁘거나 공정하지만은 않은 것들을 올바로 보고 우리 자신의 삶을 재배열하는 정의와 연결되어 있습니다.[17]

이처럼 세계에 관심을 기울이다 보면 은총, 자비, 정의의 순간을 마주하게 되며, 이때 우리는 세계에서 다른 방식으로 응답하고 행동할 수 있게 됩니다. 이것이 『리어 왕』의 교훈입니다. 그리고 우리 마음 속 비참함이 일깨우는 것도 바로 이것입니다. '선과 악'에 대한 우리의 규정에는 한계가 있고, 정의는 복수나 처벌을 통해서가 아니라 관계를 있는 그대로 바라보는 데서 출발해야만 합니다. 머독이 적었듯 "사랑이 내놓는 정답은 현실을 제대로 바라보며 정의와 실재를 실현하는 것"입니다.[18] 이 책에서 다루는 사랑과 '올바로 보기'는 이런 맥락 위에 놓여 있습니다.

사랑

머독이 말하는 사랑은 곧 정의의 실현입니다. 이는 사람을 대상으로 취급하는 것이 아니라 사람으로 대하는 것을 포함하지요. 정의에 대한 이러한 관점은 개인의 영역, 정치의 영역에

---

17 Rainer Maria Rilke, *Duino Elegies* (New York and London: W. W. Norton & Co., 2006) 『두이노의 비가』(책세상)

18 Iris Murdoch, *The Sovereignty of Good*, 89.

서 구체적인 인간에 대한 관심을 기울이지 않을 때 상실할 수 있는 인간의 존엄에 대한 감각을 회복시켜 줍니다. 소포클레스Sophocles의 유명한 비극 『안티고네』Antigone에서 우리는 신성한 영역과 개인 및 사회의 숙명 간의 긴장을 엿볼 수 있습니다.[19] 안티고네는 죽은 오빠를 묻어 주려 하지만 그는 국가의 반역자입니다. 안티고네의 두 오빠는 서로 맞붙어 싸우다가 모두 죽음을 맞이하는데, 테바이의 새로운 왕 크레온은 둘 중 한 명은 영웅으로 칭송하고 다른 한 명은 반역자로 낙인찍지요. 반역자를 매장하는 것은 국법에 어긋나는 일이고, 국왕 크레온은 '법'을 체현한 인물입니다. 그럼에도 안티고네는 오빠에 대한 사랑, 존중을 담아 자신의 의무를 다하려 합니다. 크레온은 국가의 규율을 준수하지 않고 법의 테두리를 넘어선 그녀를 괘씸하게 여기지요. 헤겔은 『안티고네』가 등장인물 각자에게 익숙한 혼란스럽고 협소한 행위 방식들의 충돌을 드러내 보이고, 이 때문에 등장인물들은 파멸과 비극으로 향한다고 진단한 바 있습니다.

철학자 마사 누스바움Martha Nussbaum이 주장했듯 비극에서든 일상생활에서든 타인의 숙명을 이해하고 받아들이기 위해서는 상상력이 필요합니다.[20] 이러한 맥락에서 안티고네는 경계가 없고, 법의 한계를 넘어서는 사랑, 타인의 존엄을 깨닫도록 우리

---

19 Sophocles, *Antigone*, 『소포클레스 비극 전집』(도서출판 숲)

20 Martha Nussbaum, *Political Emotions: Why Love Matters for Justice* (Cambridge: Harvard University Press, 2013) 『정치적 감정』(글항아리)

에게 힘을 주는, 우리보다 더 큰 무언가를 향한 호소를 의인화한 것이라 할 수 있습니다. 레이먼드 게이타Raimond Gaita는 사랑의 행위는 존엄을 잃지 않고 '타인의 고통'에 올바로 응답하는 것을 포함한다고 말했습니다.[21] 이 사랑이 다른 윤리적 선택을 가능케 합니다. 고대 그리스인들의 정신세계에서는 '권리'와 관련된 언어가 없었고, 사랑으로부터 나온 정의의 언어만이 있었다는 시몬 베유의 설명도 같은 이야기를 하고 있지요. 이 대목에서 안티고네의 선언은 의미심장합니다.

나는 미워하기 위해서가 아니라 사랑하기 위해서 태어났습니다.[22]

저는 안티고네가 탁월한 평화주의 영웅, 사랑으로 법의 한계를 가로지르고 넘어서는 영웅, 타인의 삶과 존엄을 인식하지 못하는 우리의 한계에 도전하는 영웅이라 생각합니다. 그리고 이는 바울과 그의 윤리, 그리스어 디카이오스dikaios가 뜻하는 '올바름'에 대해서도 생각해 보게 합니다. 이때 '디카이오스'는 올바름을 뜻할 뿐 아니라 일종의 진실함, 올바른 판단을 추구하는 것을 뜻하기도 하지요. 그러므로 참된 정의와 사랑은 우리의 죄의식을 섣불리 제거하지 않은 채, 개인적으로나 사회적으로나 협

---

21 Raimond Gaita, *A Common Humanity: Thinking about Love and Truth and Justice* (London: Routledge, 2000)

22 Simone Weil, *Simone Weil: An Anthology*, 83.

소한 정체성을 뛰어넘는 이해로 나아갈 것을 우리에게 요구합니다.[23]

정의와 사랑에 대해 더 이야기해 보겠습니다. 베르톨트 브레히트Bretolt Brecht의 희곡 《코카서스의 백묵원》The Caucasian Chalk Circle은 이기심을 이기는 사랑에 대한 통찰을 보여 주는 동시에 간계를 부리는 법률을 풍자합니다(이 희곡의 결말은 성서에 나오는 솔로몬의 재판 이야기와 유사한 면이 있습니다).[24] 이 작품은 부유하고 부패한 지주, 입법자로부터 아이를 구하는 한 농부 여인에 관한 우화입니다. 주인공은 총독 부인 나텔라와 나텔라의 하녀 그루셰이지요. 반란이 일어나 남편인 총독이 참수되는 모습을 지켜본 나텔라는 아이를 버리고 달아나고 그루셰가 그 아이를 데려다 돌봅니다. 반란이 진압되고 구체제가 부활하자 다시 나타난 나텔라는 자기 아이가 상속받을 권력과 재산을 노리고 아이를 돌려달라고 말합니다. 아이는 가문의 유일한 상속자이고, 아이가 없으면 나텔라는 그 재산에 손댈 수 없기 때문이지요.

그루셰와 나텔라는 아이의 '소유권'을 놓고 재판에서 맞붙습니다. 이 재판을 주재하는 판사는 아츠닥입니다. 그는 사람들에

---

23 이와 관련해서는 다음을 참조하십시오. Nicholas Wolterstorff, *Justice in Love* (Grand Rapids: Michigan William B. Eerdmans Publishing Company, 2015) 『사랑과 정의』(IVP), Regina Schwartz, *Loving Justice, Living Shakespeare* (Oxford: Oxford University Press, 2016)

24 Bertolt Brecht, *The Caucasian Chalk Circle* (London: Bloomsbury, 2007) 『코카서스의 백묵원』(범우사)

게 뇌물을 받는가 하면 술에 취한 상태로 재판을 진행하는 등 여러모로 악명이 높습니다. 재판에서 그는 바닥에 원을 그려 놓고 그 안에 아이를 세워 둡니다. 그는 아이의 진짜 엄마가 아이를 원 밖으로 끌어낼 수 있을 테지만, 두 사람이 동시에 당기면 아이가 둘로 찢어질지도 모른다고 말합니다(성서의 이야기는 조금 더 잔인한데, 솔로몬은 두 여자가 나누어 가질 수 있도록 아이를 반으로 자르겠다고 말합니다). 솔로몬의 재판처럼, 정말로 중요한 것이 무엇인지 '볼' 수 있는 사람은 아이에게 해를 끼칠 일은 하지 않으려 합니다. 이 경우에는 아이를 사랑하는 그루셰가 아이를 포기하지요. 판사는 '진짜 엄마'인 그루셰가 아이를 데려가라고, 또 아이의 상속권은 무효가 되며 재산은 도시 전체가 나누어 가질 것이라고 판결합니다. 이때 그루셰는 개인의 궁핍을 초월하는 사랑을 실천했다고 볼 수 있습니다. 응징이나 폭력을 강요하는 정의가 아닌, "정의와 실재를 실현"하는 사랑으로서의 정의가 무엇인지, 그 정의가 형성될 수 있는 조건이 무엇인지를 보여 준 것이지요.

철학자이자 영화 제작자로서 저는 정의와 사랑에 관련된 이런 주제들, 물음들에 관심이 있고 평생 희망, 전쟁, 평화, 그리고 우리가 맞닥뜨린 현실을 '증언'하고자 할 때 창조성과 예술이 어떠한 도움을 줄 수 있는지를 탐구했습니다. 저는 신학자이자 시인이며 작가인 로완 윌리엄스 주교를 초대해 정의와 사랑의 관계를 함께 탐구해 보자고, 또 정의에 관한 언어를 풍부하게 만들어 줄 신학적, 철학적 기반을 다져 보자고 제안했습니다. 우리와 세계를 신학적으로, 문학적으로, 시적으로 이해하는 길을 제시하는 그의 저작들은 이 작업에 풍성한 토대를 제공했습니다. 사상의 배경이 서로 다르지만, 우리는 인간의 삶이 지닌 복잡한 측면에 대해, 그리고 정의로운 세계를 만드는 방법에 대해 함께 궁리했습니다.

대화를 나누며 우리는 수많은 작가, 신학자, 철학자, 예술가, 시인들에게 영감을 받았고, 덕분에 정의, 개인적 행동과 사회적 행동에 대해 다시금 묻고 성찰할 수 있었습니다. 이 책은 형사사법 제도가 추구하는 정의, 분배 정의, 절차 정의를 다루는 책이 아닙니다. 그보다 우리는 인간의 고통과 일상을 둘러싼 비극을 해결하기 위해 고민하는 '정의'에 대해 이야기하려 했습니다. 또한, 우리는 다양한 사회 제도 및 기관(여기에는 교회도 포함됩니다)에서 드러나는 불의, 위해, 부패에도 주의를 기울였으며 특히 이런 위해에 수반되기 마련인 폭력과 부정의 순환, 그리고 이에 대응하는 법에 관심을 기울였습니다.

총 세 부분으로 나누어진 이 책은 약 5년에 걸쳐 나눈 대화를 담고 있습니다. 그렇기에 우리는 5년 동안 전 세계에서 일어난 사건들, 즉 시리아 난민 위기, 파리 폭탄 테러, ISIS의 공격, 브렉시트, 미국 대선과 총선, 환경 문제, 사회 경제 위기가 전 세계에 미친 영향들도 다루었습니다. 어떤 면에서 이 책은 이러한 문제들을 마주해 적절하게 생각하는 방법을 이야기하는 책이라 할 수도 있습니다. 그리고 이 과정에서 대화는 필수적입니다. 생각을 반성하기 위해, 세계관을 확장하기 위해서는 함께 생각해야 하기 때문이지요. 로완 주교와 저는 이 문제들을 '함께 생각'해봄으로써 정의의 새로운 의미, 정의에 관한 새로운 물음, 정의를 이해하는 새로운 방법을 찾으려 했습니다. 독자들도 '우리와 함께 생각'하기를, 그럼으로써 정의와 사랑과 관련된 자신의 고유한 물음을 던지고, 그에 대한 답변을 모색하는 방식을 찾기를 바랍니다.

그러므로 이 책의 목적은 생각하는 습관, 자신도 모르게 답습하고 있는 문화적 습관을 쇄신하고 시간, 은총, 자비, 용서에 관해 질문함으로써 다른 시간이 아닌 바로 이 시간, 즉 현재를 충만히 살아가는 법을 익히는 데 있습니다. 우리에게는 성스러움이, 성스러움이 깃든 공간이 필요합니다. 성스러움은 종교의 영역에만 국한되지 않으며 (좋든 싫든) 이 세상에서 살아가는 모든 이의 삶의 일부입니다. 달리 말하면 우리에게는 우리의 상상력을 활성화시킬 수 있는 자원이, 우리가 모두 공유하는 특성을 받아들이고 우리가 속한 지역, 세계의 미래를 함께 생각할 수 있는 자원이 필요합니다. 전례 없는 더위와 산불, 유독한 연기에 둘러싸인 시드니에서 글을 쓰고 있는 이 순간 저에게 이는 지극히 현실적인 문제로 다가옵니다. 우리는 우리를 위해서만이 아니라 지구를 위해서도 함께 생각해야 합니다. 프란츠 파농이 상기시켜 주었듯 우리는 우리의 고유한 사명을 완수할 수도 있고 저버릴 수도 있습니다. 이 책에 담긴 대화가 우리 앞에 놓인 고유한 임무를 완수하는 데 작은 도움이 되기를 바랍니다.

2020년 호주 시드니와 그리스 아테네에서

메리 저나지

제1부

올바로 보기

제1부

올바로 보기

1부에서는 책의 전체 틀을 잡는 차원에서 정의에 관한 철학적, 신학적 사유를 탐색합니다. 우리는 개인의 자격과 권리를 인정받는 차원에서의 정의가 아닌 덕으로서의 정의를 살피며 정의에 대한 이러한 접근이 나와 세계, 사태를 '공정하게 보는 것', '온전하게 보는 것', 다시 말해 무엇이 정의로운지를 인식하고 이해하는 것과 어떠한 관련을 맺는지를 이야기했습니다. 상상력을 키우고, 서로 다른 가치들과 덕목들이 존재하는 가운데 '정의를 행한다는 것'에 대해 다시 생각해 보자는 제안인 셈이지요. 또한, 우리는 바울을 비롯한 몇몇 신학자들의 사상을 살펴보면서, 삶에서 마주하게 되는 '올바른' 것과 '사악한' diabolical 것에 어떻게 접근해야 하는지를 생각해 보기도 했습니다.

이어서 '선'과 '올바로 본다는 것'이 어떤 의미를 지니는지를 생각해 보기 위해, 우리는 세계를 올바로 보게 해 주는 다양한 문학, 예술 작품들을 살펴보았습니다. 셰익스피어의 희곡을 위시한 여러 문학 작품을 통해 자비, 법, 정의의 한계에 관한 이야기를 나누었으며 세잔Cézanne과 모네Monet 같은 화가들의 작품을 통해 '본다'는 행위와 정의가 지각의 측면에서 어떤 특징을 지니는지에 대해서도 생각해 보았습니다.

소설가이자 화가인 존 버거John Berger가 말했듯 존재하는 것을 그리는 일은 우리에게 마지막으로 남은 혁명적 실천입니다. 이러한 행위는 희망을 머금고 있으며 세계를 온전하게, 혹은 제대로 보려면 세세한 사실들에 주의를 기울여야 한다는 우리의 이야기도 같은 맥락 위에 있습니다. 어쩌면, 우리가 존재하는 것을 그리고 있다는 것, 존재하는 것들에 주의를 기울인다는 사실이야말로 자신의 삶과 타인의 삶에 깃든 기쁨은 물론 고통에도 응답해야 함을 가리키고 있는지도 모릅니다.

제1장

정의에 관하여

2015년 4월

저나지 먼저 '정의'$_{justice}$의 어원부터 살펴보도록 할까요. 이 말은 라틴어에 뿌리를 두고 있지요. 맞나요?

윌리엄스 맞아요. 라틴어 '유스'$_{jus}$에서 왔습니다. 법, 권리를 의미하죠. 그리스어나 히브리어에서 정의, 올바름을 가리키는 말은 조금 어감이 다릅니다. 히브리어 '체다카'$_{tzedakah}$는 태도나 방향이 '바른 상태', '가지런한 상태'라는 의미가 더 강하지요. 그리스어 '디카이오스'$_{dikaios}$도 그런 의미를 포함하고 있고요. 라틴어 '유스티티아'$_{justitia}$와 '유스투스'$_{justus}$가 법을 따른다, 법에 의지한다는 의미가 강하지만, 그리스어나 히브리어의 경우에는 그런 어감은 없습니다. 저는 히브리어, 그리스어에서 이야기하는 '정의'가 정의의 좀 더 본질적인 부분을 가리킨다고 생각합니다. 히브리어에서 정의롭게 행동한다, 혹은 올바로 행동한다는 것은 자신의 태도, 자기 삶의 방향을 바르게 한다, 재배열한다, 가지런히 한다는 뜻에 가깝지요. 법에 기대 자신의 권리를 주장하는 것과는 거리가 멉니다.

저나지 무언가를 향해 바른 태도를 취한다, 재배열한다, 자신의 삶을 가지런히 한다는 의미에서의 정의, 그리고 분쟁을 해결한다는 의미에서의 정의, 상당히 중요한 차이 같은데요. 언제 이런 차이가 생겨났다고 보시나요? '정의'라는 말에 분쟁 해결이라는 의미가 더해진 시점이랄까요.

윌리엄스 알 수 없지요. 하지만 라틴어에서 뻗어 나온 모든 언어는, 그리고 로마의 문화를 이어받은 모든 문화는 이렇게 분배, 할당, 갈등 조정 같은 의미를 지닌 언어를 물려받았으리라고 생각합니다. 그리스어 신약 성서가 라틴어로 번역되는 과정이 그 대표적인 예지요. 그 과정을 보면 하느님의 '의로움', '올바름'이 무엇인지 설명할 때 강조하는 부분이 바뀐다는 것을 알 수 있습니다. 같은 맥락에서 라틴어에 바탕을 둔 서방 신학은 권리를 보장받고 사태를 해결하는 측면에 훨씬 더 강조점을 두지요.

저나지 그리스어와 히브리어의 경우를 좀 더 생각해 보면 '태도를 바르게' 하는 것, 방향을 올바르게 하는 것으로서 정의에 대해 좀 더 감각을 익힐 수 있을 텐데 말이지요.

윌리엄스 그렇습니다. 바울이 하느님의 올바름을 이야기하는 방식을 생각해 봐도 그렇고, 또 우리가 올바르게 사는 것을 생각해 볼 때도 그렇습니다. 올바르게 사는 것과 법을 준수하는 것은 다릅니다. 적절한 표현인지 모르겠지만, 올바르게 사는 것은 하느님과 일치를 이루게 되는 것에 가깝지요.

저나지 정의가 법에 어긋나지 않는 것, 법을 준수하는 것 이상의 무언가라면 이를 추구하기 위해서 좀 더 확고하고 흥미로운 무언가가 필요할 것 같은데요.

윌리엄스 바울도 알아차렸던 부분인데, 문제는 이거라고 생각합니다. 단순히 법을 지키는 것만으로는 하느님과 일치한다, 하느님의 뜻에 부합한다는 의미에서 '정의로운', 혹은 '올바른' 사람이 되지는 않는다는 것이지요. 우리는 사안별로 올바른 행위를 할 수도 있지만, 그것으로 참된 '정의'를 이룬다고는 할 수 없습니다. 정의는 하느님의 뜻에 나를 맞추는 능력, 불안과 수치심에서 벗어나 하느님과 더불어 살아가는 능력을 뜻하니까요. 하느님의 올바름, 혹은 올바른 방향은 우리에게도 그 방향으로 나아가고, 돌이키며, 삶을 재배열할 것을 요구합니다. 법을 지키는 것만으로는 이를 이룰 수 없지요. 정의라는 관념을 그리스도교 방식으로 이해하려고 할 때 모든 문제는 이 복잡한 생각 때문에 생겨납니다.

저나지 그렇군요. 역사에서 정의의 의미가 '올바름'과 '법 준수'로 나뉜 분기점이 있었을 것 같은데요. 16세기부터 법이 그 자체로 하나의 실체가 된 것도 영향을 주지 않았을까요?

윌리엄스 그렇습니다. 그전부터 그런 기미가 있었지요. 특히 '라이트'right라는 말을 어떤 자격, 권리로 이해하기 시작하면서 부터요.

저나지 그 점이 정말 궁금한데요. 왜 그렇게 다른 이해가 생긴 걸까요? 그러니까, 한편으로 정의는 올바른 방향이나 태도(제 생각에 이건 '친교'communion나 관계를 가능하게 만드는 바탕 같아 보입니다), 다른 한편으로는 개인의 권리, '나'의 권리, 사물을 취할 자격을 뜻한단 말이지요. 후자로 보면 개별 인격이 모든 것의 중심이 됩니다.

윌리엄스 맞아요. 우리가 어떤 사물이나 사건, 사람을 '올바로, 혹은 제대로 대한다'고 말할 때 그 말이 어떤 의미를 담고 있는지를 생각해 봅시다. 우리는 때때로 어떤 사진을 보고 말하지요.

"저 인물 사진은 그 사람을 제대로 담아내지 못했네." 이게 무슨 말일까요? 그 사람의 권리가 보장받지 못했다는 뜻은 아니겠지요. 사진이 그 사람을 어떤 모습으로 담아내야 마땅한데 그러지 못했다는 말일 겁니다. 관계를 가능하게 하는 바탕부터 분쟁 해결까지 정의, 혹은 올바름의 의미가 넓은 범위에 걸쳐 있다고 할 때, 이 관용구에서 말하는 올바름은 전자에 가깝습니다. 사진가, 혹은 초상화가가 대상이 받아 마땅한 몫을 챙겨 주지 않았다는 뜻이 아니지요. 대상의 핵심을 보지 못한 것입니다. 주파수를 맞추는 데 실패했다고 할까요.

저나지   저도 비슷한 생각을 했습니다. 어떤 초상이나 그림, 사진을 볼 때, 우리는 그 안에서 무언가를 보고 싶어 하고 무언가가 보인다고 생각하잖아요. 그런데 눈앞에 놓인 그 작품에서 우리는 우리의 틀 안에 있지 않은 것, 예상치 못한 무언가를 보기도 한단 말이지요. 이때 작품과 보는 내가 반드시 일치해야 하는 것은 아닙니다. 그 작품과 마주한 내가 어떤 정신으로 작품을 받아들이는지, 작품과 나를 연결하는지가 중요하지 않나 싶습니다.

윌리엄스   맞습니다. 내가 내 앞에 있는 대상을 어떻게 보고 싶은지, 그 대상의 무엇을 보고 싶은지가 중요하지요. 그때 우리는 그 대상을 제압하고 집어삼키려는 방식으로 볼 수도 있고, 그 대상이 우리의 시선을 바꾸도록 우리 자신을 여는 방식으로 볼 수도 있습니다.

저나지 그 지점에서 상상력이 발휘되겠지요.

윌리엄스 맞아요. 그게 제가 초상화를 좋아하는 이유입니다. 제 친척 중에 화가가 한 명 있는데요. 그녀는 거의 초상화 작업만 합니다. 대부분 자기가 잘 아는 사람만 그리지요. 저는 대상을 올바르게 대한다는 측면에서 그녀의 초상화들을 보며 생각에 잠기곤 합니다. 어떻게 보면 사실주의적인 초상화들은 아닙니다. 하지만 누가 봐도 초상화임을 알 수 있지요. 대상을 바라보는 확고한 시선이 반영되어 있지만, 어렴풋하고 모호한 부분도 있어서 다시 들여다보면 또 다른 게 보입니다. 그런 면에서, 어떨 때는 (다른 화가들도 마찬가지인데) 완결된 유화보다 밑그림, 소묘가 대상을 더 올바로 대하는 것처럼, 인물을 제대로 담아내는 것처럼 보이기도 합니다. 대상을 '올바로 대한다', '제대로 담아낸다'는 말이 무슨 뜻인지 생각하며 어떤 그림, 사진을 보면 더 많은 게 보이지요.

저나지 맞습니다. 이와 관련해 롤랑 바르트Roland Barthes가 『카메라 루시다』Camera Lucida에서 흥미로운 이야기를 한 적이 있습니다. 그 책에서 바르트는 어머니를 올바로 대한, 제대로 담아낸 사진을 찾아낸 과정을 말했지요.[1] 어머니가 세상을 떠나고 난 뒤 그는 어머니가 담긴 사진을 이것저것 들춰 보다 어린 시절 사진을 한 장 찾아냅니다(바르트는 이 사진을 겨울 정원 사진이라고 부르지요). 이 사진을 보고 바르트는 놀라워합니다. 사진 속 어머니의 손에서 그녀의 고유한 친절함, 따뜻함을 느꼈기 때문이지요. 어머니를 제대로 담아낸 사진을 찾았는데, 정말 제대로 그녀를 담아낸 사진은 뜻밖의 사진이었던 것입니다. 이런 뜻밖의 경험, 예기치 못한 경험은 우리의 '보는' 능력과 관련이 있고, 이 역시 정의와 관련해 중요한 함의가 있습니다. 보통 우리는 '정의'가 실현되기를 바랄 때 어떤 결과, 최종 결론이 나오기를 바라는 것 같아요. 하지만 사건과 사물을 '올바로 대하는 것'으로서의 정의는 그렇지 않지요.

윌리엄스 맞습니다. 정의, 올바름의 의미가 광범위하다고 말씀드렸는데, 법적 권리라는 측면으로 정의에 대한 논의를 시작하면 그게 문제입니다. 법으로는 '문제를 종결'하거나, 적어도 종결된 것처럼 보이게 만들 수 있으니까요. 실제로는 아니더라도 말이지요. 법이 문제를 해결해 줄 거라고 믿는 사람들에게는 참 안된 일이지만 그건 일종의 착각입니다. 자신의 딸을 죽인 사람이 감옥에 간다고 해서 모든 것이 해결되었다고 할 수 있나요?

---

1 Roland Barthes, *Camera Lucida: Reflections on Photography* (London: Vintage, 2000) 『카메라 루시다』(열화당)

정의란 곧 법적으로 해결되는 것이라는 주장도 사건을 올바로 대하는 방식 중 하나이기는 하지만, 저는 그게 특별히 주목할 만한 방식이라고는 생각하지 않습니다. 결정적인 방식은 더더욱 아니고요. 법적 해결 과정도 어느 정도 필요하지만, 그게 전부는 아닙니다.

저나지 방금 말씀하신 부분에 단서가 있다고 생각합니다. 법도 나름의 기능을 하지만, 법만으로는 우리가 완전히 만족하지 못한다는 게 진실이지요. 법은 끔찍한 경험에서 생긴 마음의 상처를 비롯한 복합적인 부분들을 다루지는 않으니까요. 그러면 이제, 정의가 실현되지 못할 때 어떤 일이 벌어지는지 이야기해 볼까요? 정의와 법의 개념에 대한 이해도 물론 중요하지만, 정의란 무엇인지, 올바르다는 건 무엇을 뜻하는지 이해하려면 다른 것들을 논의할 필요가 있다고 생각합니다.

윌리엄스 그건 정말로 커다란 문제입니다. 기존의 틀을 다시 짜야 하니까요. 어떤 사건들을 두고 '해결되었다'며 마침표를 찍고 그다음으로 넘어가는 건 참 쉽습니다.

저나지 많은 문제가 거기서 생기고요.

윌리엄스 앞서 하신 물음은 제가 의장을 맡고 있는 자선 단체가 떠올라 특히나 흥미롭게 다가오는군요. '크리스천 에이드'Christian Aid라는 곳인데, 최근 몇 년 동안 우리가 토론을 여러 번 했습니다. '자선'charity 같은 언어를 그만 사용하고 올바름, 정의 같은 언어를 사용하는 게 어떤가 하고요. '자선'이라고 하면 남는 것들을 나눠 주는 멋있는 일, 가난한 사람한테 친절하게 동전을 주는 일 같은 인상을 주는데, 국제 구호international aid를 그런 식으로 받아들여서는 안 된다고 생각했기 때문이지요. 본래 국제 구호라는 건 궁핍한, 빈곤한 사람들이 자신들이 받아 마땅한 몫을 받도록 돕는 것입니다. 그리스도교인이든 아니든 여기에는 많은 분이 동의하리라고 생각해요. 우리가 해야 할 일은 기계적으로 균형을 맞추거나 빚을 청산하거나 갚는 것 이상의 무언가입니다. 그리고 이런 의미에서의 정의를 실현하고 지켜 나가고자 한다면 '자선'의 뿌리가 무엇인지 잊어서는 안 됩니다. 관계의 회복이라든가, 그런 것들과 관련된 요소들을 포괄해야만 하지요.

저나지 자선의 뿌리에 대해서 숙고하다 보면 흥미로운 부분들을 발견할 수 있을 것 같네요. 올바름과 관련해서도 논의할 점이 많겠다는 생각이 들고요.

윌리엄스 맞습니다.

저나지 자선과 정의, 둘 다 놓치지 않으려면 어떻게 해야 할까요? 조직이나 단체라는 맥락에서 논의를 이어가 볼까요. 조직이나 단체로 사태에 개입하는 방식이나 할 수 있는 일은 모두 어느 정도 한계가 있을 것 같습니다. 하지만 자선의 핵심이 무엇인지, 정의의 핵심이 무엇인지 잘 생각해 본다면 어떨까요. 정의가 그렇듯 자선 역시 그 뿌리는 오늘날 사람들이 일반적으로 받아들이는 의미와는 사뭇 다를 텐데 말이지요.

윌리엄스 맞습니다. 두 단어 모두 조금 오염되었다고 할까, 좋지 않은 의미들을 많이 포함하게 되었지요.

저나지 특히 자선이 그렇지요.

윌리엄스 몇 년 전, 존 보시John Bossy가 쓴 책에서 자선과 관련된 내용을 읽은 적이 있습니다. 17세기 사회를 다룬 저작이었지요. 거기서 그는 중세에는 '자선'이라는 단어가 경쟁을 통제하고 적절한 상호 유대를 회복하는 일을 뜻했다고 주장했습니다.[2]

저나지 재미있는 사실이네요, 요즘 용법과는 상당히 다르고요.

윌리엄스 그리고 우리가 이야기한 정의의 요소도 포함하고 있지

---

2 John Bossy, *Christianity in the West, 1400-1700* (Oxford and New York: Oxford University Press, 1985)

요. 중세 교회에서 축일에 축제를 열면, 사람들이 서로 간에 관계를 바르게 회복할 기회가 주어졌는데 그 행위를 자선이라고 불렀습니다. 가난한 사람한테 단순히 물자를 주는 행위가 아닌, 우리 삶에 좀 더 깊숙이 개입하는 행위인 것이지요. 성공회 기도서에서는 "이웃을 사랑하고 이웃에게 자선을 베푸는" 모든 이를 성찬으로 초대한다는 구절이 있습니다. 이때 자선은 단순히 옆집 사람을 돕는다는 뜻은 아니겠지요. 기도서에 실려 있는 성찬에 참여하는 이들을 위한 권고문을 읽어 보면 알 수 있듯 이웃과의 관계가 비대칭적이거나 억압적이지 않도록 관계를 돌본다는 뜻일 겁니다. 초기 성공회 기도서를 보면 "부당하게 빼앗은 남의 땅이나 재물"을 어떻게 다루어야 하는지 언급하고 있습니다. 이렇게 관계를 바로잡는 행위가 자선이지요.

저나지 요즘 많이 쓰는 용어인 '갈등 해결'과 정확히 일치하지는 않지만, 어느 정도는 유사한 기능을 했네요.

윌리엄스 그렇습니다. 불공평한 상태가 심화하지 않게 제한을 두는 거지요.

저나지 교회 축제 이야기를 해 주셨는데, 이게 어떤 식으로 자선을 가능하게 했을까요? 어렴풋한 인상은 그려지는데, 정확히 어떻게 작동했다는 건지 잘 모르겠습니다. 축제에 대해서 그런 식으로 생각해 본 적이 없어서요. 저 말고도 대부분 그럴 것 같고요.

윌리엄스 이 부분에 대해서는 앞서 언급한 존 보시의 책을 좀 더 살펴볼 가치가 있습니다. 여기서 자세히 이야기하기는 어렵지만, 그는 15세기 도시에서 벌어진 축제, 이를테면 한여름에 기념하는 성체 축일과 같은 커다란 축제가 벌어졌을 때 어떤 일이 일어났는지를 묘사합니다. 이때 상인 조합들은 모여 도시를 위해 커다란 행사를 벌였습니다. 신비극이나 구원 이야기를 무대에 올리기도 했지요. 더 중요한 사실은 교회에서 극을 상연하고 가난한 사람들과 이런저런 것들을 나누었다는 점입니다. 공동체 차원에서 구성원들 사이에 평화와 공평한 관계를 추구하는 대규모 행사였던 것이지요.

저나지 사람들이 어떤 식으로 이 행사에 참여했을까요? 특히 가난한 사람들은 어땠는지 궁금하군요.

윌리엄스 제가 말씀드린 구도에서 가난한 사람들은 여전히 행위자가 되지 못하고 '대상'으로 머물러 있다고 생각하실지도 모르겠습니다. 그런 면에서 오늘날 상황에서 발견되는 문제들과 닮은 구석이 있지요. 하지만 적어도 가난한 사람들한테 주는 행위에 초점이 맞추어져 있던 건 아니고 어떤 방식으로든 왜곡된 관계를 바로잡는 데 목적이 있었다는 점을 다시 한번 짚어 두고 싶네요.

저나지 같은 맥락에서, 자산이 없는 사람들, 자원에 접근할 수 없는 사람들에게 자선은 어떤 의미일까요? 자선이 '갈등 해결'의 의미를 어느 정도 가지고 있다면(물론 오늘날 사람들이 받아들이는 의미와는 조금 다르겠지만요), 그렇다면 이들의 경험을 조금 다르게 이해할 수도 있을 것 같은데요.

윌리엄스 이상적으로 말해 보자면, 가난한 사람들이 공동체라는 질서 안에 '우리 자리도 마련되어 있다, 우리는 '잉여 인간'이 아니다'라고 체감할 수 있도록 해야겠지요. 이게 충분한 대답이 되지는 못할 겁니다. 하지만 자선은 근본적으로 하느님과 공동체가 맺은 언약, 공동체 구성원들 사이의 언약에 따르는 의무를 사람들에게 일깨우는, 가난한 사람들이 자신을 잉여 인간이라고 생각하면서 구석에 난처하게 앉아 있도록 두지 않는 과정입니다.

저나지 문득 덕virtue에 대해 생각해 보게 되네요. 향주덕向主德이라고 부르는 전통적인 그리스도교 신앙의 덕목들, 그러니까 믿음, 소망, 사랑(자애)charity이라는 세 가지 덕 말이지요. 각각이 따져 볼 만한 문제들을 안고 있을 텐데요. 사랑이 덕이라고 한다면, 여기에는 윤리적 행위가 포함되겠지요? 그렇다면 사랑은 인간 대 인간의 관계라든가 그 이상의 어떤 관계들과도 이어질 거고요.

윌리엄스 물론이지요.

저나지 그러면 중세에 이 사람들은 사랑을 실천했다고 할 수 있겠네요. 사랑은 응답하는 방식의 일종인 것이지요.

윌리엄스 덕으로서의 사랑은 특정 방식으로 행동하는 성향을 가리킵니다. 그래서 정의도 덕이라고 이야기하는 것이지요. 고대부터 정의는 절제, 지혜, 용기와 더불어 사추덕四樞德, cardinal virtues으로 간주되었습니다. 절제란 태도와 욕망을 조절하는 것이고, 지혜란 목적에 맞는 적절한 수단을 찾을 줄 아는 것이며, 용기란 끈기 있게 올바름을 추구하는 것이고, 정의란 각자에게 합당한 몫을 주는 것이지요. 이 네 가지는 습관화된 기질, 굳게 자리 잡은 태도, 성향입니다. 사추덕은 선한 행위의 추樞, cardo, 말하자면 축이 되지요. 사추덕에 대한 논의는 인간 본성에 관한 폭넓은 논의로 전개되고, 그리스도교 신앙의 덕목과도 연결됩니다. 인간이 성숙하는 과정에 대한 이런 논의를 무시하고 정의를 이야기할 수는 없지요.

저나지 이런 덕목들이 공적 영역에서도 활성화되려면 어떻게 해야 할까요? 종교를 믿든 믿지 않든, 문화 배경이 무엇이든 이런 덕목을 함께 이야기하려면 어떻게 해야 할까요? 현대인들은 이런 덕목들에 주목하지 않는 경향이 있는 것 같습니다. 하지만 자선이 그러하듯 이런 덕목들이 어떻게 작용하는지도 깊이 생각해야 한다고 봐요.

윌리엄스 여기서 핵심은 아무래도 '덕'이겠지요. 박사님이 고민하는 바는 지난 수십 년 동안 학자들이 개인의 의사 결정을 돕는 윤리보다 '덕 윤리'에 점점 더 관심을 갖게 된 이유와 같다고 봅니다. 우리는 '이 문제를 어떻게 해결하지?', '이 문제의 정답은 뭘까?'와 같은 물음보다는 '어떤 행위가, 어떤 기질과 성향이 우리를 이러저러한 종류의 사람으로 만들어 줄까?'라는 물음을 던져 보아야 합니다. 자기 이해에 연속성을 추구하다 보면, 우리는 덕이 무엇인지에 대해 고민해 보게 됩니다. 마찬가지 맥락에서 덕으로서의 정의에 대해 생각하기 시작하면, 그러니까 올바로 보기, 공정하게 보기, 온전하게 보기와 관련된 덕으로서의 정의에서 출발하면 많은 것이 달라집니다.

저나지 공정하게 보기, 올바르게, 제대로 보기, 온전하게 보기는 여러모로 아주 중요해 보입니다. 그리고 이건 현실을 인식하고 현실에 응답하는 아주 다른 방식이지요.

윌리엄스 사태나 사물을 질적으로 인식하는 방법이라고도 할 수 있겠습니다. 아까 우리가 초상화 이야기했던 걸 떠올릴 수도 있겠네요.

저나지 '공정하게 보기'에 대해서 좀 더 이야기해 볼까요? 저는 일레인 스캐리의 저작이 떠올랐는데요. 스캐리는 '심미적인 것' 즉 아름다움과 정의에 대한 의무가 연관이 있다고 봅니다. '공정함'fairness의 어원을 따져 보면 아름다움과 관련이 있다고 주장하지요. '공정한 것'은 우리의 관심, 우리의 활력이 세계를 향하게 만들고, 이렇게 해서 정의와 아름다움이 나란히 놓이게 된다는 거지요. 이러한 공정함은 '올바른 태도를 취하는 것'과는 질적으로 구별되는, 그보다 폭넓은 개념이라고 볼 수 있을까요?

윌리엄스 가장 넓은 의미의 '바르게 하기'라 할 수 있겠지요. 또 다른 은유를 쓰자면 우리는 행동들의 화성학에 대해 이야기하고 있다고 볼 수 있습니다. 어떻게 하면 우리가 하는 행동들이 조화를 이룰 수 있는지, 불쾌함을 안기거나 혼란과 폭력을 낳는 행동을 지양할 수 있는지 고민하는 것이지요. 이 점에서 심미적인 것과 윤리적인 것은 연결될 수 있다고 생각합니다.

저나지 법이 실패하는 상황에서의 정의에 대한 이야기를 이어 나가 보면 좋겠습니다. 법이 실패한 자리에서 정의와 올바름은 어떤 의미를 가질까요? 그리고 이러한 상황을 새롭게 볼 수 있게 해 주는 원천은 무엇일까요?

윌리엄스 법은 다양한 방식으로 실패할 수 있습니다. 법이 분쟁 해결의 도구로 축소되는 바로 그 지점에서 실패하지요. 대다수 '선진국'이 그렇지만, 영국이나 미국에서는 걸핏하면 소송을 벌입니다. 주목할 만한 점은 정의와 관련한 모든 사태는 결국 권리 싸움이고 법으로 해결해야 한다고 생각하는 이들이 점점 늘어나고 있다는 사실입니다. 명백한 잘못, 불법, 채무만 있으며 우발적인 사고, 용서할 만한 사건 같은 건 없다는 것이지요. 어떤 일이 일어났을 때 사람들은 대체로 이렇게 생각하는 것처럼 보입니다. 이는 우리에게 정의, 올바름에 대해 숙고하게 해 주는 원천이 부족함을 보여 줍니다. 정의라는 말이 지닌 긍정적이고 적극적인 뜻이 점차 사라지고 있습니다. 그렇게 되면 우리가 지금까지 이야기한 덕에 대해서도 이해할 수 없게 되지요. 실로 우려할 만한 상황입니다.

저나지 동의합니다. 사람들이 상호 작용하는 방식이 점점 더 제한되고 있습니다. 작은 예를 하나 들어 보자면, 제 아버지는 한동안 요양 시설에 계셨어요. 거기서는 환자들이 직접 커피를 내리는 일조차 못 하게 하더군요. 환자가 커피를 내리다 화상을 입으면 시설에 소송을 제기할 수 있다는 게 그 이유였지요. 물론 주의해야 할 일이기는 합니다. 하지만 소송의 위협 때문에 지극히 일상적인 행위도 못 하게 한다는 것은 문제라고 생각했습니다.

윌리엄스 맞아요. 그런 풍조는 사람들이 이런 질문을 던지게 자극하지요. '내가 지금 내 권리를 제대로 보장받고 있나? 내 몫은 제대로 받고 있나?' 물론 어떤 상황, 무엇이 올바른지 명백할 때, 분명한 폭력이 자행되고 있는 가운데서는 이런 질문을 던져야만 합니다. 하지만 모든 관계에서 이런 물음을 제기하다 보면 정의와 올바름에 대한 우리의 생각은 손쉽게 왜곡됩니다. 사춘기 청소년들이 걸핏하면 세상은 불공평하다고 소리치는 것처럼 말이지요.

저나지 아까 이야기한 다른 덕목들에 대해 다시 이야기하고 싶은데요. 이 덕목들과 정의, 올바름이 어떻게 연결될 수 있을까요?

윌리엄스 올바른 절제가 무엇일까 생각해 봅시다. 아마도, 다른 사람을 적절하게 대하는 방법을 깨닫는 직감이 발달한 상태를 말하겠지요. 그리고 이러한 절제도 다른 덕목을 갖추어야 지닐 수 있습니다. 올바로 절제하려면 다른 사람을 어떻게 대해야 하는지 알 수 있어야 하는데, 그러기 위해서는 지혜가 필요합니다.

'보자, 내 의도를 합리적인 방식으로 전달하려면 어떻게 해야 하지?' 하고 스스로 물어야 하니까요. 가령 제가 어떤 사람을 보고서, 저 사람에게는 사랑과 관심이 필요하겠다고 '올바르게' 생각을 합니다. 그럼 당장 예금 잔액을 모두 털어서 그 사람에게 주는 게 맞을까요? 그게 가장 효과적인 대응일까요? 그런 행동이 변화가 필요한 사람을 변화시킬 수 있을까요?

저나지 분별discernment이 필요한 거군요.

윌리엄스 맞아요, 분별, 그게 바로 지혜의 실천이지요. 그리고 절제도 필요합니다. '내가 모아 둔 돈을 전부 저 사람에게 주는 건, 착해지고 싶고 부채감을 없애고 싶은 내 욕망에 휩쓸리는 건 아닐까?'라고 물을 수 있어야지요. 이렇게 해서 우리는 한발 물러서서 올바른 일을 하고 싶은 갈망에 부채감에서 벗어나고픈 욕구가 끼어들어 있지는 않은지 찬찬히 반성해 볼 수 있습니다. 물론 다르게 생각해 볼 수도 있습니다. 스스로 이렇게 물을 수도 있을 거예요. '내가 가진 돈을 전부 주기 꺼려지는 이유가, 내가 꼭 해야만 하는 일은 무시하면서 안정적인 생활에 집착하기 때문은 아닐까?' 어떤 사회적 상황에서는, 다른 사람들을 적절하게 대하기 위해서는 상당한 어려움을 감내해야 할 수도 있습니다. 그런 경우에는 자신이 올바르게 깨달은 바를 밀고 나아갈 힘이 필요하겠지요. 그게 바로 용기입니다. 이런 식으로 덕목들은 서로 맞물려 있습니다. 조금 전 말씀하신 '분별'이 이 덕목들과 깊은 관계를 맺고 있다는 점도 알 수 있지요.

저나지 분별은 직감과 관련이 있다는 뜻 같습니다(철학이나 신학에서는 직감instinct과 직관intuition이라는 단어에 다양한 의미를 부여하고 둘을 구별하지요).

윌리엄스 그래서 잘 '발달된' 직감이라고 했습니다. 이건 단순히 본능적인 느낌을 가리키는 게 아닙니다. 단련할 수 있는 부분이 있지요.

저나지 직감이든 직관이든 어떻게 부르든 간에, 지금 일어나는 일에 대해서 적절하고 올바르게 응답하도록 해 주는 감수성, 그런 게 있다는 말씀이실 텐데요. 어떻게 하면 이런 덕목들을 전부 아우르면서 행동할 수 있을까 하는 게 중요한 물음이라고 봅니다. 그리고 사람들은 이렇게 묻겠죠. '그러면 여기서 역사는 무슨 역할을 하나요?' 저는 역사가 '응답'과 관련이 있다고 생각합니다. 우리는 역사를 잊지 않고, 역사가 현재에 미치는 영향에 응답해야 하지요. 이렇게 응답해야 한다는 것, 책임을 져야 한다는 것이 우리가 꼭 죄가 있다는 뜻은 아닙니다. 이 상황을 숙고할 책임이 있다는 뜻이지요. 에마뉘엘 레비나스Emmanuel Levinas가

도스토옙스키를 해석하면서 그런 이야기를 한 적이 있습니다.[3]

당신은 도스토옙스키의 이 문구를 알 것입니다. "우리는 모든 것에 대해 모든 이 앞에서 모두에 대해 죄가 있고, 나는 다른 이들보다 더 죄가 많다." 이렇게 말한 이유는 실제로 내 이런저런 죄책 때문이 아니며, 혹은 내가 범했을 잘못 때문이 아닙니다. 다만 다른 모든 이에 대해 응답하고, 다른 이들 안의 모든 것에 응답하고, 심지어 그들의 책임에까지 응답하는 총체적 책임이 내게 있기 때문입니다. 나라는 것le moi에는 언제나 다른 모든 이보다 책임이 하나 더 있습니다.

윌리엄스 아주 큰 혼란을 낳는 영역이지요. 2007년에 있었던 기념행사가 생각나는데요. 영국이 대서양 노예무역을 폐지한 지 200년 된 해를 기념하는 자리였습니다. 누가 사죄해야 하느냐를 두고 지리멸렬한 의견들이 나왔지요. 그 자리에서 좌파니 우파니 중도니 하는 범주는 무의미했습니다. 우리 조상들이 저지른 끔찍한 행위 덕분에 우리가 혜택을 봤다는 사실을 인정해야 할까요? 당연합니다. 무조건 인정해야지요. 그러면, 우리가 그 사실에 죄책감을 느껴야 할까요? 우리가 의도적으로 폭력을 저질

---

3 Emmanuel Levinas, *Ethics and Infinity: Conversations with Philippe Nemo* (Pittsburgh: Duquesne University Press, 1995)

렸을 때 마땅히 가져야 할 죄책감과 같은 방식으로? 그런 죄책감은 과장이고 환상일 뿐입니다. 아까 말한 덕목들을 가지고 설명하자면 절제하지 못하는 것이지요. 그런 죄책감은 '우리'가 마주하는 일들을 두고 가져야 마땅한 책임을 경시하게 만듭니다. 우리는 조상들이 한 선택을 바꿀 수 없습니다. 하지만 지금 일어나는 일들에 대해 우리는 다른 선택을 할 수 있습니다. 좀 더 중요한 건, 우리의 문화가 정의에 대한 직감, 직관을 어떻게 길러줄 수 있느냐 하는 거겠지요. 우리는 어떤 이야기들을 전해야 할까요? 우리 사회는 어떤 사례들을 본보기로 제시하고 있습니까? 이런 물음들을 던져 보아야 합니다.

저나지 어떠한 일들이 반복되고 있는지도 물어야겠지요. 2007년 호주 국가 지도자로서는 최초로 총리가 호주 원주민들에게 사과를 했고, 이는 상당한 논란을 낳았습니다. 방금 말씀하신 것과는 약간 다르지만, 유사한 점도 있지요. 사과는 매우 중요한 상징적 조치였지만, 어떤 면에서 충분한 조치는 아니었습니다. 원주민 공동체와 풀어야 할 문제가 여전히 남아 있으니까요. 상황은 변하지 않았습니다. 이때 "이런저런 일을 저질러서 미안합니다"라고 말하는 건 충분하지 않습니다. '지금, 무엇을' 하고 있는지를 철저하게 따져 보고 숙고해야지요.

윌리엄스 그렇게 말하고 집에 가서 "됐다, 이제 다 끝났어"라고 말하면 절대 안 되겠지요.

저나지　아까 언급하신 '사죄'와 관련해서 생기는 문제가 바로 그 거지요. "좋습니다, 이제 됐죠?"라고 말하는 거요.

윌리엄스　악수한 다음 돌아서서 잊어버리는 것이지요.

저나지　문제는 현재 진행형인데도요.

윌리엄스　역사는 여전히 현재에 영향을 미치고 있습니다. 우리 가 지금, 어디서, 어떤 모습으로 존재하는지를 결정하는 요인 중 하나지요. 우리는 이를 흔히 간과합니다. 지금 우리가 서 있는 곳, 지금 우리의 모습, 우리는 이 문제를 풀어야 합니다. 다시 한 번 강조하지만, 이는 현실을 똑바로 보는 것, 혹은 올바로 보는 것으로서의 정의의 문제입니다. 호주 원주민 사례든, 노예 무역 피해자의 후손들 사례든, 어린 시절 성적 학대를 당한 기억을 안 고 사는 성인의 사례든 우리는 역사가 지금도 영향을 미치는 모 습을 봅니다. 무엇이 그들을 그런 모습으로 빚어냈는지 우리는 똑바로 봐야 하고, 바로 그 지점에서 논의를 시작해야지요. "이 제 해결됐네" 같은 말을 할 게 아니라요.

저나지　"다 끝났으니까 그만합시다" 같은 말도요.

윌리엄스 "그만합시다." 때로는 너무나 끔찍한 말이지요.

저나지 적절하게, 올바로 행동하는 것, 바로 이 순간에도 영향을 미치고 있는 역사를 의식하면서 이 상황에 오롯이 머무는 것, 이게 정말 중요하다고 생각합니다. 이렇게 해야 상황의 깊이를 인식할 수 있고, 그래야만 다른 이들의 괴로움과 고통을 부정하지 않으면서도 치유가 일어날 수 있으니까요.

윌리엄스 타자라는 현실을 인정하기 위한 진지한 시도라고 볼 수 있겠지요. 어쩌면, 우리는 모두 이를 희망합니다. 아이리스 머독의 소설에서 그러한 대목을 본 기억이 나네요. 사람마다 정도는 다르지만, 누구나 자신을 올바로 봐 주었으면 하는 강력한 갈망, 열망을 지니고 있다고 말이지요. 다른 이가 자신을 있는 그대로, 진실하게 봐 주기를 바란다는 뜻일 겁니다. 실제로 우리 모두는 온갖 잣대를 들이대 결점을 찾는 검열관의 시선도, 그렇다고 해서 관용을 빙자한 무관심의 시선도 아닌 올바른 시선으로 자신을 봐 주기를 바라지요.

저나지 내가 저지른 잘못, 내가 범할 수도 있는 모든 실수, 결점을 포함한 '있는 그대로의 나' 전부를 봐 주기를 바라는 것이 아닌가요. 제가 제대로 이해한 게 맞다면 말이지요.

윌리엄스 맞습니다. 이와 관련해 머독은 "신이 어딘가에 살고 있다면, 바로 그곳에 있을 것"이라고 말했지요. 인간의 복잡한 현실을 진실하게 보는 그곳 말입니다.

저나지 머독이 어느 소설에서 그런 이야기를 했는지 알 수 있을까요? 아니면 머독의 작품들 전반에 걸쳐 나타나는 주제인가요?

윌리엄스 떠오르는 게 몇 권 있긴 합니다. 방금 언급한 내용은 『우발적인 인간』An Accidental Man에 나오고 『상당히 명예로운 패배』 A Fairly Honourable Defeat에서도 이 주제를 다루고 있지요.[4] 제 생각에 『상당히 명예로운 패배』는 그녀의 중기 작품 중 가장 도발적인 작품입니다. 소설의 결말은 현실을 올바로 보기를 바라는 염원이 좌절되는 것처럼 보이지요. 특이한 몇몇 인물만 예외적으로 한두 번 그런 모습을 보일 뿐입니다. 하지만 작품 전체는 분명 일정한 도덕적 전망을 제시하고 있어요.

　이 소설을 처음 읽고 강한 인상을 받아 언젠가 머독을 만났을 때 이에 관한 이야기를 나눈 적이 있습니다. 우리 대부분은 현실을 올바로 보기를 바라나 동시에 그게 진실로 가능하다고 생각하지 않는다는 점에 대해서 말이지요. 그런데 머독의 소설에 나오는 한 사람, 탤리스는 그렇지 않습니다. 어떤 면에서는 매우

---

4 Iris Murdoch, *A Fairly Honourable Defeat* (London: Chatto and Windus, 1970) 그리고 Iris Murdoch, *An Accidental Man* (London: Chatto and Windus, 1971)

혼란스럽고 허우적거리는 사람이지만, 주변을 똑바로 보고 주변 사람을 '신화화'mythologise하지 않지요. 머독은 탤리스가 불교적인 의미에서 고결함의 화신이라 말했습니다. 인간은 자기 잇속만 챙긴다는 신화에 잠식되지 않고 그 신화가 퍼지는 것을 막는 인물이기 때문이지요. 소설에서 또 다른 인물은 누군가를 향해 그가 자기 마음대로 사람들에 대한 상像을 만들고 그 상에 비추어 사람들을 괴롭힌다는 점을 지적하기도 합니다.

저나지   인상적이네요.

윌리엄스   탤리스는 그런 인물과는 다릅니다. 정반대로 나아가지요. 그는 주변 사람들이 벌이는 자기 극화에 연루되기를 거부합니다. 자세히 알고 싶어 하지도 않고요. 사람들이 저마다 늘어놓는 고충, 시빗거리에 흥미를 느낄 법도 한데 탤리스는 그런 유혹에 빠지지 않습니다. 하지만 바로 그렇기에 소설에서 상황을 바꾸기 위해 제대로 된 행동을 취하는 유일한 인물이기도 하지요.

저나지   저는 머독의 철학적 저작이라 할 수 있는 『선의 군림』이 무척 인상적이었습니다.[5]

---

5   Iris Murdoch, *The Sovereignty of Good* (London and New York: Routledge, 1971)

윌리엄스 아주 좋은 책이지요. 『선의 군림』에서도 같은 주제가 담겨 있습니다. 대학생 때 그 책이 처음 출간되었는데 읽고 글을 쓴 적이 있습니다. 그리고 몇 년 뒤 『상당히 명예로운 패배』를 읽었는데 두 책의 연관성이 보였어요.

저나지 맞습니다. 『선의 군림』은 우리가 자기 잇속만 챙기지 않으면서 인식하는 그 순간에만 우리가 누군가를 정말로 이해할 수 있다고 말하니까요. 이 책에서 머독이 선에 대해 이야기한 것과 우리가 이야기한 덕목들은 어떤 관련이 있을까요?

윌리엄스 뭐랄까, 머독이 보기에 선은 초월적인 지향점입니다. 우리 중 누구도 그걸 구현할 수는 없지요. 하지만 우리 모두 선의 관점에서 보기 위해 상상력을 발휘해야만 한다고, 인간을 올바로, 적절하게 보는 어떤 관점이 있음을 우리 모두 믿어야 한다고 그녀는 말합니다. 결국 선이란 인간 존재에 대한 포괄적인 통찰이자 전망인 셈이지요.

저나지 신이 인간을 바라보는 관점 같은 것이겠지요.

윌리엄스 머독이라면 반드시 따옴표를 붙여서 '신'이라고 했을 겁니다. 어쨌든 이런 식으로 비판적인, 어떻게 보면 칸트를 따르는 입장을 염두에 두면 다른 사람을 대하는 태도에 실질적인 변화가 생깁니다. 『선의 군림』의 한 대목이 생각나네요. 거기서 머독은 어느 시어머니와 며느리 사이의 관계가 변화해 가는 과정, 시어머니가 며느리를 차츰 다른 방식으로 이해하고 다른 방식으로 보는 과정을 서술하지요.

저나지 머독은 그 예를 통해 '덕을 추구한다는 것'이 어떤 모습인지를 보여 주고 싶어 했던 것 같습니다. 최종 결과만이 중요한 게 아니라, 더 나은 사람이 되기 위해 변화하는 과정이 중요하다는 것이지요. 어떻게 보면 칸트보다는 흄의 관점에 가까운 것 같은데, 머독이 중시하는 건 충실하게 이행해야 할 의무로서의 정언 명령 같은 게 아니라 가능성을 만들어 내는 방법 같거든요.

　최근 몇 년 동안 깨달음의 본질에 대해서 생각하다 머독의 작품에 깊은 인상을 받은 적이 많았습니다. 그녀의 선의 필요성에 대한 이야기, 선의 복잡성에 대한 설명은 정말 탁월해요. 같은 맥락에서 정의란 무엇인지를 생각할 때 머독은 정말 커다란 도움을 줍니다. 선이란 것도 곰곰이 따져 보고 숙고하기에 정말 어려운 주제니까요.

윌리엄스 『선의 군림』은 아름답고 많은 영감을 주는 책이지요. 어떤 면에서는 아리송한, 심지어 혼란스럽기까지 한 책이기도 합니다. 1971년인가 72년쯤에 머독이 옥스퍼드에서 한 강연을 들었는데요. 그때 강연 내용은 뭐랄까, 초기 저작들에서 한발 물러선 것처럼 들렸습니다. 그래서인지 『상당히 명예로운 패배』를 포함해 이후 그녀가 펴낸 소설들이 훨씬 더 회의적이고 절망적이라는 점이 그리 놀랍진 않았어요. 아까 말한 것과 같은 관점이 정말로 존재한다, 이렇게 주장했을 때 그것이 어떠한 의미가 있는지 머독은 계속 씨름했던 것 같습니다. 그 주장이 참이라면 우리의 정신으로부터 독립적으로 존재하는 '신'이 있다는 전제를 받아들여야 한다고 생각했기 때문이지요. 머독은 거의 언제나, 그런 생각을 신화이자 우상 숭배로 여겼습니다.

제2장

올바로 보기

2015년 5월

저나지 아이리스 머독이 주장한 바와 생각에 대해 계속 이야기 해 볼까요. 자기, 대상, 사태를 있는 그대로 보는 것과 관련해 머독의 철학 저서들과 문학 작품들이 어떤 이야기를 하고 있는지 말이지요. 앞서 신이 어딘가에 있다면, 바로 그곳에 있을 것이라 는 머독의 말을 인용하셨는데요. 이 부분에 대해서 좀 더 자세히 들어 보고 싶습니다. 한편, 플래너리 오코너에 대해서도 이야기 해 보고 싶네요. '올바로 보기'라는 문제와 관련해 그녀의 단편 「오르는 것은 모두 한데 모인다」Everything That Rises Must Converge는 또 다른 생각거리를 안겨 준다고 생각하기 때문입니다.[1]

---

1 Flannery O'Connor, 'Everything That Rises Must Converge', *Everything That Rises Must Converge: Stories* (New York: Farrar, Straus and Giroux, 1956) 『플

윌리엄스 아이리스 머독은 다른 사람을 보는 관점이 '나'가 중시하는 것, 내가 관심을 두는 것에 따라, 즉 자신에게만 관심을 쏟으며 타인에게는 실질적으로 무관심한 자아에 의해 왜곡될 수밖에 없다고 생각합니다. 우리는 이 짐을 진 채 주변을 보기에 우리 눈앞에 있는 것을 올바로 보지 못한다고 그녀는 보지요. 이런 통찰은 소설가로서 머독이 지닌 직관에서 나왔다고 생각합니다. 흥미로운 점은 4세기 말 위대한 동방 그리스도교 금욕주의자인 폰투스의 에바그리우스Evagrius of Pontus도 이와 비슷한 이야기를 했다는 것입니다. 한 글에서 그는 우리가 주변 대상과 사건을 세 가지 다른 방식, 즉 악마의 방식, 인간의 방식, 천사의 방식으로 볼 수 있다고 말합니다. 악마의 방식은 순전히 파괴하고 집어삼키는 방식으로, '나에게 무엇을 줄 수 있는가?'라는 관점으로만 대상을 봅니다. 이와 달리 천사의 방식, 혹은 거룩한 방식은 대상을 본래의 모습으로 보지요. 인간의 방식은 저 둘이 섞여 있는 방식입니다. 대체로 우리는 대상의 본래의 모습을 보지 못하지요. 아이리스 머독은 바로 이를 두고 질문을 던지고 있습니다. '과연 우리는 '나'를 내세우지 않고, 불안해하지 않은 채, 이기적인 욕망 없이, 경쟁의식 없이 대상을 볼 수 있는가?'

저나지 문학적 상상력을 발휘해 기존의 시선, 즉 '나'에게로 기

래너리 오코너』(현대문학)

울어진 시선을 버리고 현실을 보려는 태도가 무엇인지를 보여주는 흥미로운 이야기네요. 에바그리우스가 이야기한 세 가지 방식에 대해 좀 더 자세히 이야기해 주실 수 있나요? 특히 악마의 방식에 대해 말이지요. 많은 경우 우리는 그런 식으로 타인과 주변 현실을 본다고 저는 생각합니다.

윌리엄스 다른 사막 교부들처럼 에바그리우스도 악마를 인간 외부에 있는 어떤 무시무시한 세력이라고 생각하지 않습니다. 그는 사악한 힘이 우리가 태어나면서부터 받은 것들을 움직인다고 말했지요. 에바그리우스에 따르면 그 힘은 우리 '안에서' 이리저리 돌아다닙니다. 우리의 일부분처럼 움직여 우리는 이를 알아차리지 못하고 통제하지도 못하지요. 이 힘은 현실을 왜곡해서 보게 만듭니다. 그러니까 모든 것을 '나'와 어떤 관계가 있는지, '나'에게 뭘 해 줄 수 있고 어떤 도움을 줄 수 있냐는 관점으로만 보게 만들지요. 이는 사악한 영, 달리 말하면 악마적 상상력입니다. 이 안은 텅 비어 있습니다. 무엇이든 집어삼키는 공허함만 있지요. 같은 맥락에서 우리는 '악마적인 것'을 타자, 그리고 타자성을 절멸하려는 끊임없는 열망, 그리고 이 열망을 충족하려는 부단한 노력이라고 규정해도 좋을 겁니다.

저나지 그러면 에바그리우스는 인간을 어떻게 본 것이지요?

윌리엄스 그에게 인간은 악마와 천사 그 사이에 있는 존재였지요. 어떤 것들은 제대로 보고 어떤 것들은 잘못 보는, 한편으로는 대상을 자신의 관점에 꿰맞추려 하지만, 한편으로는 그런 시도가 도전에 부딪히면서 조금씩 성장하기도 하는 그런 존재 말이에요. 이러한 맥락에서 에바그리우스에게 영적 성장이라는 건 근본적으로 다르게 보는 방식, 즉 천사의 방식 혹은 거룩한 방식, 나와 내 주변을 있는 그대로 보는 방식을 익히는 과정이었습니다. 이러한 신학 전통에서 하느님은 사물들을 본연의 모습대로 존재하게 하는 힘입니다. 하느님은 다른 존재의 섬김을 필요로 하지 않습니다. 달리 말하면 다른 존재를 통한 만족을 필요로 하지 않습니다. 그러니까 하느님이 다른 존재를 만든다는 건 그 존재를 아무런 조건 없이 긍정한다는 뜻입니다. 바로 그 뜻이에요. 하느님은 "그러지 말걸", "내가 더 행복해지려면 인간을 창조해 같이 즐겁게 놀아야겠다"는 말씀은 절대로 하시지 않습니다. 그런 생각은 머릿속에서 완전히 지워 버려야 해요. 이와 같은 생각은 하느님께서는 아무런 왜곡 없이 현실을 보신다는 것을 의미하기도 합니다. 이 맥락에서 창세기의 구절은 시사하는 바가 크지요.

> 하느님이 손수 만드신 모든 것을 보시니, 보시기에 참 좋았다. (창세 1:31)

그리고 이 지점에서 아이리스 머독에 대해 다시 생각해 볼 수도 있습니다. 그녀는 릴케가 세잔에 대해 한 말을 즐겨 인용했지요. "세잔은 '나는 저게 좋아'라면서 그리지 않고 '그곳에 저게 있어' 라면서 그린다."

저나지 맞아요. 그런 앎의 태도, '그곳에 있는 것을 그리기'는 오늘날에는 거의 혁명적인 과제라고 할 수 있지요. 저는 최근 미술관에 자주 갔는데, 모네의 그림에 푹 빠졌습니다. 지금 런던에서 '인상주의를 발명하다'Inventing Impressionism라는 제목으로 전시가 열리고 있거든요.[2] 여러 인상주의자들의 작품이 걸려 있었는데 특히 매료된 건 모네의 작품들이었어요. 그도 '존재하는 것', '그곳에 있는 것'을 그렸다는 생각이 듭니다. 방금 릴케가 세잔을 두고 한 말과 연결되는 것 같아요.

윌리엄스 그 시대 다른 많은 화가도 그랬지만, 모네와 세잔에 대해 한 가지 기억해야 할 사실은 그들이 똑같은 대상을 반복해 그렸다는 점입니다. 꼭 이렇게 말하는 것 같아요. "나는 아직 보지 못했지만, 저기에는 무언가 있어."

저나지 맞습니다. "매번 새로운 무언가가 보여, 아주 미묘하게

---

2 *Inventing Impressionism*, The National Gallery, London, 4 March-31 May 2015.

다른 무언가가 보여." 이런 느낌이에요.

윌리엄스　내가 보고 있는 것을 올바로, 제대로 담아내려면 시간을 들여 찬찬히 보아야 하지요. 모든 각도에서 그것을 다시 한번 살펴야 합니다.

저나지　그게 여전히 그림들이 각광을 받는 이유겠지요. 어떤 그림은 보는 이로 하여금 말을 잃고 그림만 들여다보게 합니다. 작품에 몰입하다 보면 다른 시간, 다른 관계로 들어가게 되지요.

윌리엄스　맞습니다. 비슷한 맥락에서 어떤 화가들은 한 사람의 얼굴을 거듭 들여다보기도 하지요. 인생의 여러 시기에 걸쳐 자화상을 그린 렘브란트Rembrandt는 그 대표적인 예라 할 수 있습니다. 제가 아주 좋아하는 화가인 그웬 존Gwen John을 들 수도 있겠네요. 그녀도 한 사람의 얼굴을 그리고 또 그리곤 했습니다. 언젠가 존은 프랑스에서 알고 지내게 된 수녀들에게 자신들이 속한 수녀회의 창립자인 마리 푸스팽Marie Poussepin의 초상을 그려달라는 요청을 받았습니다. 17세기에 만든 초상화가 한 점 남아 있기는 했는데 썩 좋은 상태가 아니어서 존에게 제대로 된 초상화를 요청한 거지요. 요청을 받아들인 그녀는 십수 점의 초상을 그렸습니다. 온전한 푸스팽 수녀를 제대로 담아내기 위한 나름의 방식이었겠지요. 이 초상화들은 수녀원의 방마다 하나씩 걸려 있습니다. 같은 인물을, 다른 명암으로, 약간 다른 각도에서, 약간 다르게 표현한 그림들이지요. 지난번 말씀드린, 화가로 활동하고 있는 제 친척도 비슷한 작업을 했습니다. 지난 35년 동안 자기 어머니를 수도 없이 그렸지요.

저나지 흔한 경우는 아닌 것 같은데요. 그 그림들을 보고 있으면 어떤 생각이 드세요?

윌리엄스 '저기에 있는 것'을 제대로 담아내기 위해 화가가 분투하고 있다는 느낌을 받지요. "좋아, 이 정도면 됐지, 그만해야겠다." 이렇게 말하지 않고 "지금은 이런 게 보이니까, 다음에는 다른 걸 볼 수 있을 것 같네. 더 많이 들여다보면 더 많이 보이겠지?"라고 말하는 것 같아요.

저나지 화가들 이야기를 하니 최근 터너J. M. W. Turner의 작품들을 본 기억이 나네요. 그의 일부 작품들은 제가 보기에는 혼란스럽고 거칠었습니다. 하지만 어떤 작품들은 강렬하고 마음을 사로잡더군요. 터너는 작업실에서 대상을 다시 상상하고 그려야 하는 경우도 있었을 테니 위의 화가들과는 작업 과정이 조금 다르다고 할 수도 있을 겁니다. 하지만 터너가 보는 방식 또한 세계를 한껏 열어젖혔지요. 닫아 버리지 않고요.

윌리엄스 맞아요.

저나지 방금 말씀하신 친척분의 작업, 어머니를 계속 그리는 활동이 빚어내는 효과도 결국은 같다고 생각합니다. 계속해서 세계를 활짝 열어젖히는 것이지요. 그림이 머금고 있는 가능성을 펼쳐 보인다고 할까요. 문학적 상상력 이야기를 다시 해 보면, 머독은 자기주장이나 이기적 욕망으로부터 자유로운 관점을 발견하기 위해 노력했다고 말씀하셨지요? 이런 걸 할 수 있는 사람은 많지 않을 것 같은데 어떻게 생각하시나요?

윌리엄스 어떻게 생각하면 불가능한 일이지요. 누군가를 볼 때 우리는 물리적이든, 감정적으로든, 영적으로든, 언제나 특정 관점으로 보니까요. 그러한 상황에서 자기주장이나 이기적 욕망으로부터 자유로운 관점을 추구하는 건 뭐랄까, 수학에서 어떤 값에 '점근하는' 수열 같은 거라 할 수 있습니다. 가까이 갈 수는 있지만, 절대 닿을 수는 없지요. 대신 이를 추구할수록 우리는 우리 자신이 특정 방식으로 다른 사람을 오해하고 왜곡하고 도구화한다는 사실을 깨달을 수는 있습니다. 우리가 그런 잘못을 전혀 저지르지 않는 경지에 다다르지는 못하겠지만, 시간이 지날수록 그런 잘못을 더 잘 파악하게 될 수는 있겠지요.

저나지 도스토옙스키가 자신의 작품을 통해 여러 관점을 검토하는 방식에 대해서는 어떻게 생각하시나요? 좀 더 정확하게는, 다양한 인물을 통해 여러 관점을 제시하고 독자들이 자신과 함께 그 관점을 탐색하도록 하는 방식 말이지요. 잠들기 전 『죄와 벌』Crime and Punishment을 읽은 적이 있는데 그 내용이 제 무의식에 스며든 모양인지 일어났을 때 기분이 영 좋지 않더군요. 소설 속 등장인물과 동화되는 느낌이 들었다고 할까요.[3]

윌리엄스   저는 사람들에게 『죄와 벌』을 읽을 때는 조심하라고 권고하곤 합니다. 특히 밤늦게 읽거나 독감 걸렸을 때 읽지 말라고 말이지요(웃음). 어쨌든, 도스토옙스키 작품에서 가장 중요한 순간은 누군가 다른 이의 참된 모습을 보게 되는 순간이지요. 그 순간에, 어떤 인물은 자유로워지고, 어떤 인물은 그렇지 못하게 됩니다. 『죄와 벌』의 경우 라스콜니코프를 올바로 보는 이는 소냐뿐입니다. 그녀는 라스콜니코프를 감상적인 태도로 보지도 않고 손쉽게 용서하지도 않습니다. 소냐는 라스콜니코프가 책임감 있는 사람이기를 바랍니다. 라스콜니코프에 대한 그녀의 헌신은 사실상 그를 향해 이런 말을 전하는 것과 다름없어요. "당신이 죄를 인정하더라도 나는 당신과 함께 있을 겁니다. 하지만 그 길을 택하지 않더라도 상관없습니다." 이렇게 하기란 매우 어려운 일입니다.

---

3   Fyodor Dostoevsky, *Crime and Punishment* (New York: Dover Publications, 2001) 『죄와 벌 1,2』(문학동네)

『악령』Devils에도 섬뜩한 장면이 있습니다.[4] 바로 스타브로긴이 티혼 주교에게 자신이 한 소녀에게 끔찍한 성범죄를 저질렀음을 고백하는 장면이지요. 티혼은 스타브로긴을 올바로 봅니다. 심지어 긍휼을 가지고 마음 깊은 곳까지 헤아리면서요. 하지만 스타브로긴은 그런 티혼을 받아들이지 못하지요.

저나지 정의와 용기에 대해서 다시 생각해 보게 되네요. 정의, 올바름이라는 게 바로 이 지점에 놓여 있는 것 같아요. 독자는 라스콜니코프가 범죄를 저질렀다는 걸 『죄와 벌』맨 처음부터 알고 있습니다. 또 다른 사실이 폭로되기를 기다릴 필요가 없지요.

윌리엄스 추리 소설이 아니니까요.

저나지 맞아요. 독자들은 이미 라스콜니코프가 죄를 지었다는 사실을 압니다. 그래서 소설이 진행될수록 묻게 되지요. '어떻게 해야 인간은 자신의 책임, (어떤 의미로든) 자신의 비참함, 자신의 죄를 받아들이는가? 그런 순간은 언제 찾아오는가?'

윌리엄스 그래요, 맞습니다. 도스토옙스키의 『악령』이야기, 스타브로긴의 고백 장면을 다시 이야기해 볼까요. 티혼은 소름 끼

---

4 Fyodor Dostoevsky, *Devils* (Oxford: Oxford University Press, 1992) 『악령 1,2,3』
(민음사)

치는 진실을 알고 있는, 이 진실을 본 유일한 사람입니다. 그리고 어느 순간에는 스타브로긴에 대해 예언자적인 통찰을 보여주지요. 티혼은 말합니다.

> 당신은 온 세상을 향해서 이 사실을 고백하겠다고 하는데, 실제로 감당하기는 힘들 겁니다. 사람들이 당신 보고, 무슨 드라마에 나올 법한 위대한 죄인으로 여기지 않고 그냥 비웃기만 한다면 어떡하시겠습니까?

죄를 고백한다는 것은 다른 사람에게 비치는 나의 모습을 통제하고 싶은 욕구와 가식을 모두 내려놓는다는 것을 뜻합니다. 그러므로 죄를 고백할 때는 다른 사람들이 날 혐오하는 상황뿐 아니라 나를 조롱하고 심지어 무시하며 멸시하는 상황까지 상상해야 하지요. 티혼은 스타브로긴에게 이렇게 말하는 것처럼 보여요. "당신이 지금 고백한 내용은 진실하게 보아야 마땅한 것이고, 나는 기꺼이 그렇게 할 것입니다. 진실하게 보겠습니다. 그냥 넘기지 않겠습니다." 하지만 자신의 죄를 만인 앞에 공개하고 이야기했다간 오히려 자신이 파괴될 수도 있는 또 다른 위협과 마주할 수도 있습니다. 죄를 고백하려는 시도로 인해 오히려 자신의 진정성마저 빼앗기게 되는 상황 말이지요. 스타브로긴은 자신의 이야기를 공표해서 모욕을 기꺼이 감수하겠다 하지만 티혼은 말합니다.

상황이 어떻게 흘러가든 감당할 수 있겠습니까? 그런다고 기분이 더 나아지지는 않을 수도 있습니다. 굴욕감과 분노만 남을 수도 있어요. 그걸 견딜 수 있겠습니까?

'보는 것'이라는 주제는 『카라마조프 가의 형제들』Brothers Karamazov 초반부에도 등장합니다.[5] 조시마 장로가 삼 형제 중 첫째인 미챠(드미트리 표도로비치 카라마조프)에게 절하는 장면이 그 대표적인 예지요. 다른 사람들은 소설 후반부까지도 보지 못하는 무언가를 장로는 미챠에게서 보았습니다. 난봉꾼인 데다 그다지 똑똑하지도 않은 군인인 미챠가 결국 이야기의 중심에 서리라는 사실을 조시마 장로는 안 것이지요. 그래서 그는 미챠에게 이마가 바닥에 닿을 만큼 절을 합니다.

장로는 드미트리 표도로비치 쪽으로 걸음을 떼어, 바로 그가 있는 데까지 다다르자 그의 앞에 무릎을 꿇었다. 알료사는 장로가 기진해서 쓰러진 줄 알았으나, 그게 아니었다. 장로는 무릎을 꿇은 채 드미트리 표도로비치의 발아래 엎드리며 심지어 이마가 바닥에 닿을 정도로 완전히, 의식적인 절을 한 것이었다. … 드미트리 표도로비치는 벼락이라도 맞은 듯 얼마 동안 우뚝 서 있었다.

---

5 Fyodor Dostoevsky, *The Brothers Karamazov* (New York: Farrar, Straus and Giroux, [1880] 1990) 『카라마조프가의 형제들 1,2,3』(문학동네)

저나지 두 가지를 주목하고 싶네요. 먼저 죄를 어떻게 다룰 것인가 하는 물음이 있지요. 그리고, 죄를 다루는 것과 올바로 보고 행동하는 것 사이에는 어떤 관계가 있는가 하는 물음이 있습니다. 전에 아이리스 머독의 『상당히 명예로운 패배』에 나오는 탤리스에 대해 말씀하셨는데, 아무것도 보지 못한 사람, 아무런 행동도 하지 않을 것 같은 사람처럼 보였지만, 올바로 보고 제대로 행동한 사람은 탤리스밖에 없었지요.[6] 현실은 이렇게 우리의 예상을 벗어납니다. 그렇지 않나요?

윌리엄스 저는 머독이 우리가 실패했음을 깨달았을 때, 혹은 죄를 지었음을 깨달을 때 이런 말을 건네려 한 것 같습니다. "그래, 네가 책임을 져야지. 하지만 그렇다고 네 인생이, 그리고 세상이 끝난 건 아니야." 우리에게는 둘 모두가 필요합니다. 분명, 우리는 상황을 직시해야 합니다. 하지만 내 실패, 내 죄에 대한 다른 사람들의 반응이 모든 것을 결정하지는 않습니다. 그리고 누군가는 이에 관한 진실을 보겠지요. 이 모두를 붙들고 견디기란 매우 어렵습니다.

저나지 우리가 그런 건 배우지 못했어요. 그렇지요?

---

6 Iris Murdoch, *A Fairly Honourable Defeat* (London: Chatto and Windus, 1970)

윌리엄스　전혀 배우지 못했지요.

저나지　하지만 그렇게 해야만 정의로울 수 있지요. 그래야만 사람들이 서로 올바로 볼 수 있는 순간들이 생겨날 수 있으니까요. 어떻게 하면 그런 순간들을 만들어 낼 수 있을까요? '덕'도 한 가지 방법일 수 있다고 생각하는데, 다른 방식도 있을까 궁금해지네요.

윌리엄스　몇몇 비평가들이 지적하듯 티혼이나 조시마가 각각의 작품에서 일종의 '거룩함'을 드러낸다면, 그들은 다른 차원, 근본적으로 다른 준거틀을 가리킨다고도 할 수 있겠지요. 자기주장을 내세우지 않고, 싸워 이기겠다는 생각 없이 가능한 한 인간답게 상대를 마주한다는 점에서 그들은 다른 사람들과 다릅니다. 그러면 문제는 이겁니다. '상대를 마주해 싸워 이기려 하지 않고 그의 목소리를 경청하려면, 그를 있는 그대로 받아들이려면 우리는 어떤 훈련을 해야 하는가?'

저나지　올바른 것, 정의에 관한 물음으로 돌아가 볼까요. 이전에 우리는 법을 '문제 해결' 수단으로 여기는 상황, 법의 한계에 대해 이야기한 바 있습니다. 하지만 올바르게, 정의롭게 산다는 건 완전히 다른 것 같습니다. 이러한 삶을 추구하는 길을 찾아야 할 텐데요. 어디서 찾을 수 있을까요? 사추덕, 향주덕 같은 것들일까요? 방금 말씀하신 태도와 습관을 익히기 위해서는 어떻게 해야 할까요?

윌리엄스　'올바로 보는' 습관을 말씀하는 것이지요? '올바로 보기'는 책 제목으로도 쓰일 수 있을 것 같아요. 그렇지 않나요?

저나지　네, 어쩌면 이 대담집의 제목으로도 쓸 수 있겠네요(웃음). 잠시 『베니스의 상인』The Merchant of Venice 이야기를 해 볼까요?[7] 요즘 새삼스럽게 이 작품을 다시 읽고, 또 보고 있습니다. '자비'mercy에 관심이 생겼기 때문이지요. 이와 관련해 포오샤는 놀라운 연설을 하지요. 흔히들 『베니스의 상인』은 자비, 가치에 대해서도 심오한 이야기를 하는 작품이라고 말합니다. 실제로 이 주제들이 희곡 안에서 희극적으로 또 비극적으로 표현되는 방식은 흥미로운 것 같아요. 하지만 이 작품이 정말로 자비와 가치를 온당하게 다룬 걸까요? 얼마 전에도 어느 정도 희망을 품고 이 작품을 보았는데 잘 모르겠더라고요.

윌리엄스　『베니스의 상인』은 보고 나면 불편한 기분이 드는 희곡이지요. 마지막에 샤일록에게 주어진 '자비'라는 건 끔찍할 정도로 형편없는 정의의 모조품에 불과하기 때문입니다. 그는 목

　7　William Shakespeare, *The Merchant of Venice*, 『베니스의 상인』(아침이슬)

숨을 부지하는 대가로 자신의 신앙을 버려야 합니다. 자기 자신을 부정하라고 강요당하는 것이지요. 이건 모든 불의의 핵심입니다.

저나지 맞아요. 너무나 불쾌했습니다. 제가 관람한 공연에서는 샤일록이 세례받는 장면을 넣었는데 정말 끔찍하더군요. 관람객인 우리의 가치관과 샤일록을 싸움 붙이는 느낌이었어요. 샤일록과 우리, 샤일록이 지닌 어떤 영적 본질과 우리의 가치를 대결시키면서 그가 무가치한 인물처럼 느끼게 만들려는 연출이었지요. 바로 그 점이 충격적이었습니다. 어떤 비평가들이 『베니스의 상인』을 두고 지적했듯 이 작품의 문제는 단순히 반유대주의에서 그치지 않는 것 같아요. 더 큰 부분에서 『베니스의 상인』은 불편한 지점이 있습니다.

윌리엄스 특히 곤혹스러운 지점은 재판 마지막 장면이지요. 여기에 나오는 대사를 보면 사실상 "우리 그리스도교인이 얼마나 자비로운지 봐라! 너보다 얼마나 선량한지를 보라고"라고 말하고 있습니다.

> 포오샤 : 그에게 자비를 베푸실 건지요, 안토니오?
>
> …
>
> 안토니오 : 군주이신 공작님, 그리고 모든 법정 관계자분들,

바라옵건대

부디 그의 재산 반에 국고 환수 조치를 취소해 주십시오.

저는, 그가 넘겨줄 나머지 반을 맡아 두었다가.

얼마 전 그의 딸을 데려간 신사분께

그의 사망 이후 물려주는 것으로 만족할 것입니다.

두 가지 조건이 더 있습니다. 이 은총을 입으려면

그가 즉시 그리스도교도로 개종할 것,

다른 하나는, 그가 이 법정에서 증여서를 쓸 것,

자신의 사망 후 가진 것 모두를

그의 사위, 로렌조, 그리고 딸에게 물려 준다는 내용으로 말입니다.

(『베니스의 상인』 4막 1장 378-90.)

"그에게 자비를 베푸실 건지요?" 하지만 이건 자비가 아닙니다. 딸을 납치한, 아무짝에도 쓸모없는 이교도에게 전 재산을 넘기게 하고 당사자에게는 끔찍한 고통만 남기는 게 자비일까요? 이 고통은 극 중에서도 생생하게 표현됩니다. 그중에서도 최악의 고통은 그리스도교인이 되어야 한다는 것, 자신의 삶을 형성하고 삶에 의미를 부여한 모든 것을 강제로 버려야 한다는 것입니다. 이런 자비를 선포하자 법정에서는 박수갈채가 울려 퍼지지요.

저나지 법은 사위가 상속받도록 하는 데 그치고 신앙이라는 요소는 거의 가벼운 놀잇감처럼 여겨지지요. 확실하지는 않지만, 이 작품에서 그리스도교인들이 곤혹스러운 방식으로 보여 주는 자비, 이들이 호소하는 법은 실제로 우리가 이런 상황에 놓이게 되었을 때 추구해야 할 것, 정의롭고 올바른 방향과는 분명 거리가 있어 보입니다.

윌리엄스 그 전에 포오샤는 샤일록에게 말하지요.

당신이 원하는 것 이상의 정의를 겪게 해 주지.[8]

"원하는 것 이상의 정의"라는 표현이 주목할 만합니다. 이는 정의를 요구했을 때 어떤 일을 겪게 될지를 숙고해 보아야 한다는 셰익스피어의 생각을 반영합니다. 포오샤의 다음 대사를 보아도 알 수 있지요.

유대인은 온갖 정의를 원하니까 … 그가 받을 것은 증서에 적힌 위약시 담보뿐이오.[9]

『눈은 눈으로, 이는 이로』Measure for Measure에도 이와 비슷한 생각이 나타납니다.

---

8 William Shakespeare, *The Merchant of Venice*, 4.1.317.
9 William Shakespeare, *The Merchant of Venice*, 4.1.23-4.

저나지   안토니오의 살을 베어 내는 것과 관련된 논쟁은 이 모든 것을 집약하고 있습니다. 여기서 샤일록이 원하는 건 복수도 아니지요. 조금 기이하지만, 샤일록 입장에서 안토니오의 살을 베어 내는 건 일종의 무질서를 바로잡는 일입니다. 반대편 입장에서는 이런 그를 일종의 괴물로 보고 극에서도 그렇게 표현하며 실제로도 그러한 면이 있습니다. 하지만 좀 더 주목해 볼 점은 이야기가 점차 1파운드 무게의 살이 어떠한 가치를 지녔냐는 식으로 전개되고 있다는 것입니다. 여기서 신체는 가치 교환의 장이 되지요. 마지막에 제시되는 '자비'는 샤일록이 내비치는 관점의 가치, 몸에 대한 그의 관점은 고려하지 않는 것처럼 보입니다. 그의 아픔, 고통도 마찬가지고요.

윌리엄스   극 마지막 부분에서 샤일록은 자신이 소중히 여기는 두 가지, 딸과 신앙을 포기해야 합니다. 이는 사실상 자기 자신을 포기하는 것과 다름없는데, 그 방식은 치유나 구원의 방식이 아니지요. 이런 맥락에서 "만족하오, 유대인? 더 할 말 없소?"라는 포오샤의 대사, "만족합니다"라는 샤일록의 대사를 어떻게 연기해야 할지 저는 잘 모르겠습니다. 긴긴 침묵 끝에 아무런 감정 없이 읊조리듯 연기해야 할까요.

저나지   제가 본 공연에서 그렇게 했던 것 같아요. 제대로 기억하고 있는지는 모르겠지만, 그런 측면에서 마지막 부분 연출은 터무니없다고 생각했습니다. 샤일록이 세례받는 장면을 매우 엄숙하게 그렸거든요.

윌리엄스　『베니스의 상인』마지막 부분은 다양한 방식으로 연출되었지요. 샤일록이 퇴장한 다음 자살하는 방식으로 연출한 적도 있었습니다. 그 모습을 직접 보여 주지는 않지만 말이지요. 비틀거리며 퇴장한 다음, 무대 뒤에서 무시무시한 비명을 지른 로런스 올리비에Laurence Olivier의 연기는 널리 알려져 있습니다.

저나지　제가 본 공연에서는 그런 연출은 없었어요. 샤일록은 그저 유령처럼 서 있었습니다.

윌리엄스　희곡 중에 이처럼 무정하게 마무리되는 작품이 또 있나 싶어요. 이 베네치아 귀족들은 아무 일도 없었다는 듯이 자기들끼리 어울려 희희낙락하지요. 전부 다 운하에 던져 버리고 싶은 충동이 들 정도로 말입니다. 『열두 번째 밤』Twelfth Night도 그렇지만 『베니스의 상인』에서도 호감 가는 인물은 하나도 없는 것 같습니다.

저나지　우리가 자비에 대해 생각해 보는 데는 별다른 도움이 안 되는군요.

윌리엄스   전혀요.

저나지   자비도 일종의 덕목이 될 수 있을까요? 저는 사태와 인물을 진실하게 보는 데 자비가 도움이 되는지 잘 모르겠습니다. 앞에서 누군가 저지른 죄도 똑바로 볼 수 있는 능력에 대해서 말씀하셨는데, 그런 경우에는 일종의 자비가 필요할지도 모르겠습니다. 물론 그때 자비는 『베니스의 상인』에 나오는 자비는 아니겠지만 말이지요. 거기서는 그리스도교인이든 유대인이든 자비를 잘못 이해하고 있는 것 같으니까요.

윌리엄스   그렇습니다. 샤일록도 안토니오도 제대로 못 보고 있어요.

저나지   사실 안토니오는 처음부터 약간 문제가 있는 인물이기도 하지요.

윌리엄스   맞습니다. 셰익스피어가 진정한 의미의 자비를 묘사하는 장면은 『리어 왕』에 나오지요.

　코델리어 : 오, 눈 저를 보세요.
　손을 펴서 제 머리에 축복을 내려 주세요.
　안 돼요. 무릎을 꿇으시면 안 되고요.

리어 : 제발, 나를 조롱치 마시오.

난 아주 멍청하고 실없는 노인네라오.

여든이 넘었지. 덜도 더도 아니오.

그리고 솔직하게 대하자면,

정신도 온전치 못한 듯하오.

얼핏 당신을 아는 것 같아. 그리고 이 사람도 그렇고.

하지만 긴가민가해. 여기가 어딘지.

조금도 알지 못하고 아무리 생각해도

이 옷은 기억이 나지 않소.

어젯밤 내가 어디서 묵었는지도. 나를 비웃지 마오.

내가 사내이듯이 이 여인은

내 딸 코델리어 같은데.

코델리어 : 맞아요, 저예요.

리어 : 네 눈물이 진짜냐? 그래, 분명. 울지 말거라.

내게 줄 독약을 네가 갖고 있더라도, 내가 그걸 마시마.

네가 날 사랑하지 않는 것을 아니까. 네 언니들은 그랬지.

생생하게 기억해. 내게 몹쓸 짓을 했지.

넌 그럴 이유가 좀 있었다만, 그들은 없었는데.

코델리어 : 이유라니요, 아무 이유도 없어요.[10]

---

10 William Shakespeare, *King Lear*, 4.7.55-76.

코델리어는 이렇게 과거를 완전히 청산하고 새로운 시작을 제안합니다. 이와 관련해 『겨울 이야기』The Winter's Tale 마지막 부분도 생각해 볼 만하지요.*

레온테스: 여보! 내 형제를 보세요. ...

용서를 빌어요. 순수한 두 분의 시선에

못된 의심을 품었어요. 이 사람이 당신 사위요.

이분의 아들인데 하늘의 인도로

---

* 『겨울 이야기』의 줄거리는 대략 이렇다. 시칠리아 왕 레온테스는 헤르미오네와 슬하에 마밀리우스라는 아들을 두고 행복한 나날을 보내고 있다. 그러던 어느 날 시칠리아에 방문한 보헤미아 왕 폴릭세네스가 오랜 방문을 끝내고 보헤미아로 돌아가려 하자, 레온테스는 좀 더 머물기를 청한다. 폴릭세네스가 마음을 바꾸지 않자 레온테스는 헤르미오네에게 다시 부탁해 보라고 권한다. 헤르미오네의 부탁에 폴릭세네스는 마음을 바꾸고 이로 인해 레온테스는 둘의 관계를 의심하게 된다. 이후 레온테스는 헤르미오네를 감옥에 가두고 마밀리우가 자신의 친자가 아닐 수 있다는 의심까지 하며 막 태어난 딸아이를 버리라는 명령을 내린다. 헤르미오네에 대한 부당한 재판이 진행되는 도중 마밀리우스는 숨을 거두고 소식을 들은 헤르미오네는 실신한다. 왕비를 돌보던 파울리나는 레온테스에게 헤르미오네의 사망 소식을 전하고 레온테스는 뒤늦게 후회한다. 한편, 레온테스와 헤르미오네의 딸은 늙은 양치기 손에 구출되어 페르디타라는 이름으로 살게 되고 폴릭세네스의 아들인 플로리젤 왕자와 사랑에 빠진다. 아들이 양치기의 딸과 연인관계라는 걸 받아들이지 못한 폴릭세네스의 분노를 피해 플로리젤, 페르디타는 시칠리아로 피신하고 레온테스는 헤르미오네를 꼭 닮은 페르디타를 받아들인다. 그때 파울리나가 등장해 페르디타를 목격하고, 양치기 노인은 페르디타를 발견했을 때 그녀가 입고 있던 옷과 소지품을 꺼내놓는다. 페르디타가 레온테스의 딸임을 알게 된 파울리나는 레온테스를 이끌고 어느 동상 앞으로 가는데, 그 동상은 헤르미오네와 똑 닮았다. 순간 동상이 살아 움직이고 죽은 줄로만 알았던 헤르미오네가 살아 돌아와 그들은 극적으로 재회하게 된다.

당신 딸과 약혼했소, 파울리나, 안내해요.

여유 있게 서로에게 질문하고 대답할

장소로 이동해서 우리가 처음 헤어진 후에

그 기나긴 시간 동안 각자가 한 일을

말하도록 합시다. 속히 안내하세요.

과연 헤르미오네가 레온테스를 용서했을까요? 알 수 없습니다. 헤르미오네가 아무 말도 안 하니까요. 시종들은 "왕비께서 왕의 목에 매달리셨다" 말하고 레온테스와 헤르미오네는 아무 말 없이, 거의 절망적으로 무대 한가운데에서 포옹을 나눕니다.[11] 레온테스가 마주한 건 어떤 사람에게 끔찍한 상처를 입힌 기억만이 아닙니다. 자신이 완전히 미쳐 버린 상태에서 상상할 수도 없을 정도의 상처를 입힌 '사람'과 마주하는 거죠. 그곳에 그 사람이 있습니다. 하지만 바로 그곳에 있다는 사실이 포옹을 가능케 하고, 무언가를 보듬을 수 있게도 하지요.

저나지 전에 주교님이 아이리스 머독과 관련해 말씀하신 게 떠오르네요. 머독과 도스토옙스키에 관한 이야기들도 지금 말씀하신 부분과 연결될 수 있다고 봅니다. 조금 다른 이야기인데요. 저는 요즘 크리스토스 치오카스와 함께 희곡을 하나 쓰고 있습

---

11 William Shakespeare, *The Winter's Tale*, 4.3.136. 『셰익스피어 전집』(문학과지성사)

니다. 아버지의 재산을 둘러싸고 갈등하는 가족의 이야기인데 요. 극 중 한 사람은 가족이 아닌 '이방인'이면서 갈등의 진실이 무엇인지를 볼 수 있는 유일한 사람입니다. 작업을 진행하면서 저희는 이 이방인이 올바른 것에 관한 나름의 관점을 가져야 한 다고, 자신의 자격, 권리를 주장하는 인물이 아니라, 눈앞의 상 황과 이 상황에 결부된 사람들에 관련된 진실에 부합하도록 자 신의 태도를 바르게 하는 인물이어야 한다고 이야기를 나누었지 요. 지금까지 우리가 이야기한 것처럼요. 우리가 논의한 정의, 어떻게 올바로 볼 것인가 하는 문제와 연관되지요. 희곡이라는 허구를 통해서 이런 문제를 고심하는 과정은 흥미롭기 그지없습 니다. 문학적 상상력은 이런 문제를 좀 더 깊이 볼 수 있게 도와 주는 것 같아요.

윌리엄스 『리어 왕』의 주제 중 하나는 사랑이라든가 '가치', '의무' 같은 걸 수량화하려는 시도와 참된 관계, 그리고 이 관계를 표현 하는 방식은 매우 다르다는 것입니다. 처음에 리어는 양적 방식 을 선택했습니다. 하지만 충격을 받고 고통스러운 과정을 거치 며 이 방식을 머릿속에서 지워 버리지요. 앞에서 잠시 이야기했 듯 리어가 코델리어와 재회했을 때 그는 자신이 남들을 판단하 고 가치를 매겼듯 자기도 같은 꼴을 당할까 두려워합니다. 하지 만 사태는 근본적으로 다르게 전개되고 진실로 투명한 순간이 오지요. 그 뒤에는 다시 끔찍한 일들이 일어나지만 말입니다.

저나지 플래너리 오코너의 「오르는 것은 모두 한데 모인다」 이 야기를 해 볼까요. 아들과 어머니가 체중 감량 운동 모임에 나갑니다. 인종 차별이 심한 미국 남부가 배경이고, 어머니는 골수 인종 차별주의자지요. 아들은 이런 어머니에게 반감이 깊고, 그 런 자신이 의롭다고 생각합니다. 어느 날 어머니가 한 흑인 여자 의 아이에게 돈을 주려다가 폭행을 당하고, 아들은 어머니를 달 리 보게 됩니다. 그녀가 얼마나 연약한 존재인지 깨달은 거지요. 언젠가 주교님이 은총에 관해 쓰신 글을 본 적이 있는데, 바로 그 은총의 순간이 일어났다고 해야 할까요. 이 부분을 조금 더 이해해 보고 싶습니다. 아들에게는 깨달음의 순간이 찾아옵니 다. 아들이 그동안 보지 않은 것, 보지 못한 것, 보고 싶지 않았 던 무언가가 있습니다. 그전까지 어머니가 하는 일은 무엇이든 잘못됐다고 아들은 생각하지요.

윌리엄스 오코너의 작품 중 상당수는 그렇게 갑자기 '보게 되는 순간'을 다루고 있지요. 가장 먼저 떠오르는 작품은 「좋은 사람 은 드물다」A Good Man Is Hard to Find입니다. 이 작품에서 짜증이 날 정도로 말이 많은 할머니는 마지막에 자기 자식과 손자를 모두 죽인 '부적응자'를 바라보면서 말하지요.

너도 내 아이들 중 하나야. 내 새끼들 중 하나!

너무나도 오코너다운, 지극히 모호한 말입니다.[12] 「인조 검둥이」The Artificial Nigger에도 갑작스러운 깨달음의 순간이 등장하지요. 인종차별주의자인 헤드와 그의 손자 넬슨은 도시로 갔다가 곤혹스러운 일들을 겪고 헤드는 넬슨에게 커다란 상처를 줍니다. 넬슨은 마음의 상처를 입은 채, 그리고 헤드는 수치심을 안은 채 집으로 가다 우연히 볼품없고 투박한 흑인 아이 조각상을 보게 되지요. 흑인 아이 조각상 앞에서 둘은 화해합니다. 집에 돌아와 헤드는 자신의 죄와 하느님의 사랑을 깨닫게 되지요.

> 헤드 씨는 조용히 서 있었고 자비의 행위가 다시 한번 자신을 어루만지는 것을 느꼈지만, 이번에는 그것에 붙일 이름이 없었다. 그것은 어떤 사람도 피해 갈 수 없고 이상한 방식으로 아이들에게 전해지는 고통에서 자라 나왔다. 그는 사람이 죽을 때 창조주 앞에 가지고 갈 것은 그것뿐이라는 걸 알았고 자신에게 그것이 그렇게 적다는 데 뜨거운 수치를 느꼈다. 그는 경악 속에 하느님의 철저함으로 자신을 판단했고, 자비의 행위는 불꽃처럼 그의 자부심을 감싸서 태워 버렸다. 그때까지 그는 자신이 대단한 죄인이라고 생각하지

---

12 Flannery O'Connor, 'A Good Man Is Hard to Find', *A Good Man Is Hard to Find and Other Stories* (New York: Harcourt, 1955), 22. 『플래너리 오코너』(현대문학)

않았다. 하지만 이제 보니 자신의 진정한 악행은 그가 절망하지 않
도록 감추어져 있었다. 그는 자신이 아담의 죄를 품은 태초부터 불
쌍한 넬슨을 모른 척한 오늘까지 계속 죄를 용서받았다는 것을 알
았다. 자신의 죄라고 인정하지 못할 정도로 끔찍한 죄는 이 세상에
없었고, 하느님은 용서하는 만큼 사랑하는 분이시기에 그 순간 그
는 낙원에 들어갈 준비가 되었다고 느꼈다.

이 부분은 "한없이 관대하고 한없이 인내하는 관념"이라는
T. S. 엘리엇T. S. Eliot의 구절을 연상시킵니다.[13]

저나지 「좋은 사람은 드물다」에서 말씀하신 부분을 읽고 저는
오코너가 정말 놀라운 작가라고 새삼 생각했어요. 할머니는 아
들과 손자들을 살인한 이를 바라보면서 그런 말을 하는 거잖아
요. 정말 충격이었습니다. 그러니까, 그 말을 할 수 있다는 점이
요. 그런 말을 하기 위해서는 살인자들의 비참함을 봐야 합니다.
할머니가 그를 용서하겠다는 마음으로 그런 말을 한 것은 아니
라 해도 말이지요. 어떻게 보면, 모두가 고통받고 있음을 알기에
그런 말이 가능했다고 생각해요. 그에게 동질감을 느끼는 건 아
니지만, 뭐랄까, 살인자를 아주 조금은 이해하기 시작했다고 말

---

13 Flannery O'Connor, 'The Artificial Nigger', *A Good Man Is Hard to Find and Other Stories*, 103-32. 『플래너리 오코너』(현대문학) T. S. Eliot, *Preludes*, st. 4.

할 수는 있겠지요. 공감까지는 아니라 해도요.

윌리엄스　살인자들에게 일종의 연민을 느끼고, 그들의 비극을 이해해 보도록 초대받은 것이지요.

저나지　맞아요. 어떤 면에서 할머니는 그 모든 끔찍한 일이 일어나도록 허용했습니다. 전에도 이야기한 것 같은데, 최악의 일이 일어날 수도, 최악의 상황에 놓이게 될 수도 있는 공간을 남긴 것이지요. 절대 용납할 수 없고 용인해서도 안 되지만, 우리가 인간인 이상 이런 공간을 열어젖힐 가능성을 도외시할 수는 없습니다. 관계의 차원에서, 이야기를 들려주는 방식의 차원에서 그걸 어떻게 다룰 수 있을까요?

윌리엄스　「좋은 사람은 드물다」가 정말 끔찍한 건 소설에서 드러난 무대 밖에서 살인이 일어난다는 점이지요. 가족 구성원들이 한 명 한 명씩 끌려가서 조용히 살해당하니까요.

저나지　행진하듯 한 사람씩 끌려가 비인간적으로 살해당하다니, 정말 소름 돋는 일입니다. 어떤 면에서 오코너는 그런 일이 지금 일어나고 있다고 우리에게 이야기하는 것 같기도 해요. 산문집 『신비와 태도』Mystery and Manners에서 그녀는 세계가 '온유함'

을 잃었다고 말한 바 있습니다.[14] 자신이 생각하는 온유함의 의미를 자세히 설명하면서, 온유함이 신앙이나 영성과 연관된다고 주장하지요. 오코너는 온유해지기 위해서는 경외의 측면, 무언가를 두려워하면서도 거기에 사로잡혀 있는 차원이 있어야 한다고 생각하는 듯합니다. 어쩌면 사람들이 잔인한 행위를 하게 되는 이유는 중요한 몇몇 덕목을 어떻게 실천해야 하는지 알지 못하고 다른 사람의 고통에 응답할 줄도 모르기 때문이겠지요. 순진하기만 해서는 올바르게 응답하지 못할 수도 있는 것 같습니다.

윌리엄스 이 지점에서 도스토옙스키의 작품과 「좋은 사람은 드물다」가 연결되는 것 같아요. 『백치』Idiot에 그런 순간이 있지요.[15] 나스타시야 필리포브나가 므이쉬킨을 처음 만난 이후에 말합니다.

나는 처음으로 인간을 봤어요.

"처음으로 인간을 봤어요"라니 이게 무슨 말일까요? 인간이라는 종을 처음 봤다는 뜻일까요? 므이쉬킨은 사회성이 발달하지 않

---

14 Flannery O'Connor, *Mystery and Manners: Occasional Prose* (New York: Farrar, Straus and Giroux, 1961)

15 Dostoevsky, *The Idiot* (New York: Vintage, 2001) 『백치 1,2』(문학동네)

은 인물이고 겉으로는 그리스도와 같은 인물이 아닙니다. 하지만 그가 하는 행동들은 다른 이가 인간성을 발견하게 해 주는 촉매제, 자신이 누구인지를 깨닫게 하는 계기가 되지요.

저나지 다른 사람들에게 그런 계기가 된다는 말씀이시지요? 므이쉬킨이 다른 이들에게 응답하는 방식 때문에 그런가요?

윌리엄스 맞습니다. 므이쉬킨은 언제나 무방비 상태로 열려 있습니다. 그래서 다른 사람들에게 예기치 못한 자기 인식의 계기를 마련해 주지요. 이런 점에서 그는 올바름, 선을 전달하는 매개이고, 보기 드문 좋은 사람이에요. 물론 일부분만 그렇습니다. 므이쉬킨은 완전무결한 성인은 아니에요.

저나지 「좋은 사람은 드물다」. 참 흥미로운 제목입니다. 좋은 사람은 정말 드물잖아요. 남자든 여자든 말이지요. 그런 의미에서 이 말은 참입니다. 어떻게 보면 뻔한 이야기기도 하지만, 그녀가 이를 전하는 방식은 결코 뻔하지 않지요. 오코너의 작품, 그리고 오코너가 자기 작품에 대해 쓴 글에서 느낀 점은, 그녀가 은총에 대해서 이야기하는 것 못지않게 비참함에 대해서도 이야기하려고 노력한다는 겁니다. 우리가 우리 자신에 대해서나 서로에 대해서 인정하고 싶어 하지 않는 부분들을 예리하게 포착해 내지요. 때로는 『현명한 피』Wise Blood에서처럼 이를 해학적으로, 동시

에 <u>으스스</u>하게 보여 주기도 하고요.[16]

윌리엄스 훌륭한 소설가들이 으레 그러듯 오코너는 수많은 이야기를 통해 일종의 사고 실험을 하고 있다고 생각합니다. 거의 습관처럼 자기 본위적이고 자기만족적이고 자기방어적이기 마련인 담론의 바퀴가 굴러가게 두고 지켜보는 거지요. 그러다 보면 이야기는 깔끔한 결론에 도달하기보다는 어떤 경고와 맞닥뜨립니다. 바퀴 앞에 장애물이 나타나고, 그 장애물과 부딪혀 충격이 발생하지요. 그러면서 어떤 때는 새로운 걸 보게 되기도 하고 어떤 때는 보지 못하기도 합니다. 그러니까 은총은 하늘에서 부슬부슬 내려오는 비의 모습이 아니라, 갑자기 내 엉덩이를 걷어차는 식으로 나타날 수도 있는 거지요. 무언가가 갑자기 난입해서 "이건 아니야" 하고 말하는 거예요. 「오르는 것은 모두 한데 모인다」에서 연약해진 어머니를 마주한 아들처럼, 독자는 이를 통해 자기 자신에게 묻게 되지요. '지금까지 내가 전부 틀렸나?' 오코너의 이야기를 읽고 나면 그런 생각이 드는 경우가 많아요. '내가 지금까지 알고 있는 게 전부 잘못된 것은 아닐까?'

메릴린 로빈슨Marilynne Robinson이 『길리아드』Gilead의 속편으로 쓴 소설 『홈』Home에도 매우 인상적인 장면이 등장하지요. 소설에서 막내딸 글로리는 이런저런 고초를 겪기는 하나 윤리적이

16　Flannery O'Connor, *Wise Blood* (Farrar, Straus and Giroux, 1949) 『현명한 피』 (IVP)

고, 가정에 충실한 사람으로 묘사됩니다. 그런 글로리가 오빠가 임신시켜 놓고서 버리고 달아난 소녀, 소녀의 아기, 소녀가 아기에게 쏟는 사랑과 애정을 보면서 자기는 정말 아무것도 모르겠다고 말하지요. 글로리는 복음서에 나오는 마르타 같은 인물이에요. 칭찬받아 마땅한 사람이지요. 하지만 그녀는 결코 '칭찬받아 마땅'하지 않은 인물들에게서 '칭찬받아 마땅'한 것과는 전혀 다른 무언가를 봅니다.[17]

저나지 내가 참이라 믿는 것과 가치 있는 것이 일치하지 않는 지점을 본 것이군요.

윌리엄스 「오르는 것은 모두 한데 모인다」의 역설은 어머니가 자신이 돼지인지도 모른다고 생각하는 부분에서 드러납니다. 자신이 돼지라고 생각하는 순간, 그 사람의 진짜 가치가 빛나게 되니까요.

저나지 그리고 그 순간은 지극히 일상적인 순간이지요. 주교님이 이야기했던 은총이 오코너의 이야기에서 드러나는 지점이기도 하고요. 어떻게 보면 일반적으로 이야기하는 은총도 그런 식

---

17 Marilynne Robinson, *Home* (New York: Farrar, Straus and Giroux, 2008) 『홈』(랜덤하우스코리아) Marilynne Robinson, *Gilead* (New York: Farrar, Straus and Giroux, 2004) 『길리아드』(마로니에북스)

으로 드러나는 게 아닌가 싶습니다.[18] 그렇다면 은총도 '덕'이라고 말할 수 있을까요? 다른 모든 덕을 아우르는 덕 말이지요.

윌리엄스　은총도 덕이 될 수 있지요. 전통적인 그리스도교 신학의 언어를 빌리면 거룩한 습성habitus이라 할 수도 있고요. 어떤 사건일 수도 있습니다. 굴러가는 바퀴가 장애물과 부딪혀 충격이 일어나는 사건 말이지요. 이는 우리를 정신 차리게 하고, 우리가 올바로 보지 못하게 만드는 기존의 습관들로부터 우리를 벗어나게 해 주지요. 어떤 면에서 아주 간단합니다. "그건 아니야"라고 말해 주는 거예요. 어쩌면 덕이란 그런 경고를 기꺼이 들으려는 태도로부터 생긴다고 할 수 있고 그런 태도 자체라고도 할 수 있습니다. 이건 불교 신자 친구들이 할 법한 말이네요.

저나지　그러니까 어떤 면에서 덕은 우리를 정신 차리게 한다는 뜻인가요?

윌리엄스　네. 다른 누군가 온유하고 덕 있는 행위를 했을 때 그게 우리에게는 긍정적인 의미에서 장애물이 될 수 있으니까요.

저나지　누군가의 끔찍한 행동이나 머독의 소설에 나오는 인물

18　Rowan Williams, *Grace and Necessity: Reflections on Art and Love* (London: Bloomsbury, 2006)

들이 보여 주는 것 같은 순전한 놀라움도 그런 역할을 할 수 있 겠군요.

윌리엄스   맞습니다. 『상당히 명예로운 패배』를 보면, 식당에서 어떤 사람이 인종 차별과 폭력을 당하는 장면이 나와요. 이때 탤 리스가 끼어들어서 폭력을 휘두른 사람의 얼굴을 후려갈깁니다. 아주 기이한 방식이기는 하나 이것도 은총의 순간이라고 할 수 있지요. "그건 아니야"라고 말하는, 폭력은 불필요한 것이라고 말하는 순간이요. 폭력이나 혐오는 당연한 것도 아니고 필연적 인 것도 아닙니다. 탤리스가 다른 사람의 얼굴을 후려갈기는 것 도 폭력이지만 말이에요.

저나지   맞아요. 하지만 놀라운 행동이지요.

윌리엄스   놀라운 행위입니다. 그리고 그 순간 은총이 일어납니 다. 처음에 폭력을 휘두른 청년이 반격할 수도 있었습니다. 하지 만 전혀 예상치 못한 행동에 그는 놀라 한 걸음 물러서지요.

저나지   아주 극단적인 은총의 모습이에요. 그렇지요?

윌리엄스   앞에서도 이야기했지만, 은총은 꼭 온순한 행동이기만 한 건 아니니까요.

저나지 그러한 방식으로 은총이 드러나면, 이를 소화할 수 있는 능력이 필요하겠네요.

윌리엄스 그렇지요. 물러서서, 가만히 귀 기울여야 합니다.

저나지 네. 언젠가 메릴린 로빈슨은 『주어지는 것들』The Givenness of Things에서 셰익스피어의 작품들을 다루며 은총이 '자비'보다 우위에 있다고 말했습니다.[19] 이때 자비는 권력과 관계가 있고 은총은 초대에 가깝다고 봐도 될까요?

윌리엄스 좋은 생각입니다. 은총은 우리를 우리의 의지나 능력, 혹은 어떤 성취에 대한 기존의 감각에서 완전히 벗어나게 하니 말이지요. 이 같은 맥락에서 개신교 종교개혁가들은 우리가 선행을 하더라도, 심지어 사랑을 한다 하더라도 우리가 참된 화해의 경지에 이를 수는 없다고 이야기했습니다. 그때 덕은 우리가 홀로 이룰 수 있다고 생각하는 범위 안에 있기 때문입니다. 하지만 은총은 그 너머에 있지요. 은총은 '무로부터의 창조'가 이루어지는 순간이라 할 수 있습니다.

---

19 Marilynne Robinson, *The Givenness of Things: Essays* (New York: Picador, 2015)

제 2 부

헤아리기

제2부

헤아리기

이어지는 장에서 우리는 정의에 관한 개인의 언어, 공공의 언어가 세속적 감성과 종교적 감성을 모두 포괄할 수 있는지를 탐구했습니다. 이야기를 나눌 때 세계에서는 다양한 일(시리아 난민 위기, 파리 테러, ISIS의 공격, 브렉시트, 미국 선거, 그리스를 비롯한 유럽 국가들에서 여전히 진행 중인 경제 위기와 건강, 안전, 복지 위기)이 일어났습니다. 이러한 사건들을 염두에 두고 우리는 시장 경제에서 무너진 인간의 가치, 험난한 시대에 정체성과 국민성의 역할, 정치적 불만을 맞닥뜨렸을 때 느끼게 되는 무력함 등에 관해 이야기를 나누었습니다. 우리는 사람들이 쫓겨나고 폭력에 노출되는 전 지구적 현상에 대항하는 일종의 '전 지구적 증언'global witnessing 이 필요하다는 데 입을 모았습니다. 또한, 우리는 우리 사회의 역사와 개인의 삶에서 포착되는 '비참함'에 어떻게 대해야 하는지, 우리가 물려받은 폭력과 역사의 유산에 대응하는 방법은 무엇인지에 대해서도 논의했습니다.

이를 통해 우리는 정의롭고 올바른 삶의 중요성을 강조하고 정의와 올바름에 대한 이야기를 확장했습니다. 정의롭게, 또한 올바르게 살기 위해서는 시간, 인내, 분별력이 필요합니다. 또 상상력을 기르고, 더 정직하고 진실하게 살도록 감정을 벼려야 합니다. 이웃을 사랑하기 위해서는 본질적으로 상대를 향한 너그러운 마음과 관심이 필요합니다. 그리고 치유와 용서가 이루어지기 위해서는 특권 의식이 사라져야 합니다. 이러한 과정에서 새로운 관계가 만들어지는데, 이 관계는 우리를 파괴하거나 갈라놓지 않으며 우리의 삶을 지탱하고 풍요롭게 합니다.

우리는 지극히 평범하고 일상적인 내용을 가지고 이야기를 나누었지만, 그 이야기 곳곳에는 시몬 베유가 했던 생각이 스며들어 있습니다. 즉, 고통에 대한 초자연적인 치료법은 없지만, 고통의 초자연적인 활용은 가능하다는 것이지요. 1부에서 이야기했듯 은총은 우리를 기존의 틀에서 벗어나게 해 주는 일종의 초대입니다. 그리고 이는 기적처럼 충격적인 순간, 계시와도 같은 우연한 순간 일어납니다. 이러한 심판과도 같은 시간을 통해서만 우리는 정의와 세계를 바라보는 새로운 시각을 지닐 수 있습니다. 우리는 은총이 빚어내는 지혜를 갖게 되기를, 그 눈으로 현실에 관심을 기울이기를 소망합니다. 그때 굳어 버린 정신, 정체된 문화는 쇄신될 수 있을 것입니다. 어쩌면 이것이 구원인지도 모르겠습니다.

제3장

헤아리기

2015년 11월

저나지 지난번 사람들 사이에서 일어나는 폭력에 대해 이야기를 나누며 주교님은 이런 말씀을 하셨지요. 폭력이나 혐오는 당연한 것도 아니고 필연적인 것도 아니라고요. 이 대담의 큰 주제인 정의, 올바름을 생각하며 그 말씀을 곱씹어 보고 있습니다. 파리에서 일어난 일을 생각하면 더더욱 말이지요. 현재 파리는 비상 상황인 것처럼 보입니다. 지금까지 우리가 정의, 올바름과 관련해 나누었던 이야기들은 이러한 상황과 어떻게 연결될 수 있을까요?

윌리엄스 제가 그 이야기를 한 건 우리가 암묵적으로 인간의 행동을 마치 자동화된 기계의 행동처럼 생각한다는 점을 지적하기 위해서였습니다. 우리는 어떤 일이 일어났을 때 관습화된 선택지들을 고르려 할 뿐, 그 이외의 선택지들을 생각할 수 있는 성찰의 여백을 마련해 두려 하지 않습니다. 그보다는 일이 일어났으니 즉각적으로 어떤 조치를 취해야 한다고 생각하지요. 이러한 사고의 흐름 안에서 정의를 요구한다는 것은 내가 당한 만큼 돌려주어야 한다는, 혹은 당한 만큼 돌려받아야 한다는 주장과 다름없습니다. 폭력의 언어에 폭력의 언어로 응답하는 것이지요. 하지만, 우리에게는 그렇게 하지 않을 자유가 있고, 이를 새기고 있어야 합니다. 평화주의를 고수해야 한다는 뜻이 아닙니다. 물리력을 사용하는 게 언제나 틀렸다는 뜻도 아니에요. 몹시 슬프지만, 물리력이 불가피한 상황이 있지요. 그게 현실입니다. 하지만 '저놈들이 먼저 우리한테 몹쓸 짓을 했잖아, 그러니까 우리도 그대로 되돌려 줘야지'라고 생각할 필요는 없습니다. 이건 기계적인 사고방식이지요. 바로 이 점 때문에 예수의 산상수훈은 인상적입니다.

"눈은 눈으로, 이는 이로 갚아라" 하고 말한 것을 너희는 들었다.
그러나 나는 너희에게 말한다. 악한 사람에게 맞서지 말아라.
누가 네 오른쪽 뺨을 치거든, 왼쪽 뺨마저 돌려대어라.
너를 걸어 고소하여 네 속옷을 가지려는 사람에게는,
겉옷까지도 내주어라.
누가 너더러 억지로 오 리를 가자고 하거든,

십 리를 같이 가 주어라.

네게 달라는 사람에게는 주고,

네게 꾸려고 하는 사람을 물리치지 말아라. (마태 5:38~42)

"왼쪽 뺨마저 돌려대어라." 이건 수동적인 행위가 아닙니다. 행동 방식 자체를 바꾸는 것이지요. 그대로 돌려주지도 말고 그렇다고 거기에 굴복하지도 말아라. "좋습니다. 원한다면 계속해 보세요. 하지만 당신에게 휘말려 이 게임에 참여하는 일은 없을 겁니다"라고 말하는 것이지요. 그러면 주도권은 바뀝니다.

저나지　매우 용기 있는 행동이네요. 그렇게 하면 상황이 어떻게 달라질까요? 지금도 9.11 테러의 여파가 이어지고 있는 상황, 폭력을 폭력으로 갚고 또다시 폭력이 일어나는 순환이 계속되는 상황에서 말이지요. 어쩌면 우리는 양측 모두의 폭력과 이에 대한 반작용 때문에 사실상 항구적인 전쟁 상태에 놓이게 된 것인지도 모르겠습니다. 이런 때에 그 순환에 동참하지 않는 건 분명 하나의 대안이 될 수 있을 것 같은데요.

윌리엄스　백인 통치가 종식되고 얼마 지나지 않은 때에 짐바브웨에서 있었던 일인데요. 이런저런 사태를 겪고 행정부가 바뀌면서, 잔혹하고 흉악한, 인기 없는 지역 세력가 중 한 명이 마을 원로들로 구성된 임시 법정에 선 일이 있었습니다. 원로들은 그 사람이 어떤 범죄를 저질렀고 어떤 잔혹 행위를 해 왔는지 적은 목록을 읽은 다음 그 사람에게 물었습니다. "이러한 사실에 비추어 우리가 당신에게 어떤 처벌을 내리는 게 마땅하다고 생각합니까?" 지역 세력가는 대답했습니다. "죽어 마땅하다고 생각합니다." 그러자 원로들은 말했습니다. "맞습니다. 그렇기 때문에 우리는 당신을 죽이지 않을 겁니다." 당시 짐바브웨의 미래는 밝아 보였습니다. 하지만 그 뒤 짐바브웨 국민들이 겪은 고통을 생각하면 이 이야기는 상당히 비극적이라고 할 수도 있지요.

저나지   어쨌든, 그 순간에는 구도가 바뀌었네요. 그렇지 않나요? 언젠가 취리히에서 열린 학회에 참석한 적이 있습니다. 평화와 화해를 주제로 한 학회였지요. 발표자 중 한 명이 화해를 위해서 필요한 것들에 대해 발언했는데, 그는 참회와 용서를 들었습니다. 참회는 참 흥미로운 관념 같아요. 자신의 잘못을 인정하는 것이니까요. 이전에 아이리스 머독에 대해 이야기할 때도 이와 비슷한 이야기를 한 적이 있지요. 그때 주교님은 말씀하셨습니다. 머독에게 신이 존재한다면 사람들의 잘못, 불완전함을 포함한 복잡한 현실이 진실하게 드러나는 순간에 존재할 거라고요. 학회 발표자는 머독과 일치하지는 않지만, 자신의 불완전함을 받아들이고 이에 관해 숙고해 보는 것이 꼭 필요하다고 이야기했다는 점에서 연결되는 점이 있습니다. 이런 것도 덕이라고 할 수 있을까요?

윌리엄스 네. 현실에 입각해 자신을 정직하게 바라보고 불완전함을 인정하고 거기서 나오는 잘못을 뉘우치는 것, 그래서 용서를 구하는 것, 그렇다고 너무 손쉽게 우리 자신의 잘못을 눈감아 주지 않는 것, 이 모든 게 덕이라고 생각합니다. 이건 꽤 복잡한 삶의 방식을 추구하는 거라 할 수 있지요. 바로 도덕적 주체moral subject가 된다는 것 말입니다.

저나지 우리가 한쪽 뺨을 맞았을 때 다른 쪽 뺨을 내밀 수 있다면, 내가 당한 그대로 돌려주지 않는 용기 있는 결단을 포함한 참회를 할 수 있다면, 무언가 다른 일이 일어나겠지요. 하지만 우리는 어떤 문제에 관해서는 '실수'했다고 인정하는 것처럼 보이면서도 이를 심각하게 받아들이는 것 같지는 않습니다. 테러를 당하면 "그래. 해결책은 하나뿐이야. 응징하자" 이렇게 생각해 버리지요.

윌리엄스 최근 영국 하원에서는 시리아 문제를 논의했습니다. 그리고 이런저런 신문에서 만평을 실었지요. 그 중 「데일리 텔레그래프」the Daily Telegraph에 실린 만평이 인상 깊었습니다. 작은 비행기에 탄 총리가 지상을 향해 폭탄을 던지고 지상에서는 폭탄이 폭발해 피해를 입습니다. 그리고 총리는 말하지요. "이 정도면 되겠지."

저나지 "이 정도면 되겠지." 의미심장하네요.

윌리엄스 "이 한 잔만 마시고 술 끊어야지" 하는 셈이지요. 폭격 한 번만 더 하면 다 괜찮아질 거라는 생각, 언젠가 이 말을 한 적이 있는 것 같은데, 성서에서 용서는 과거를 돌아보는 것이면서 동시에 미래를 바라보는 것입니다. 그러한 면에서 용서는 관계를 회복하고 새롭게 하는 것과 관련이 있지요. 그렇기에 단순히 잘못이나 실패를 눈감아 주는 게 아니고 이를 단순히 인정하는 데서 끝날 수도 없습니다.

예수는 제자들에게 죄를 용서할 권한을 줄 때 그들에게 숨을 불어넣으면서 말했습니다.

성령을 받아라. (요한 20:22)

신약에서 성령은 언제나 관계를 빚는 존재, 연결을 만들어 내는 존재입니다. 그러니까 용서는 관계를 맺는 것으로, 파열되고 분리된 상태를 벗어나 화해되고 연결된 상태로 나아가는 것입니다. 이런 것 없이 용서를 논한다면 그 이야기는 궁핍해질 수밖에 없습니다. 용서를 "좋아요, 이제 이 정도에서 마치기로 합시다" 정도로 만들어 버리는 것이지요.

저나지 하지만 용서를 이야기하면서 우리는 흔히 그렇게 하지 않나요? 성령에 관한 주교님의 이야기는 흥미롭네요. 저는 신학자가 아니어서 그런지 성령을 그런 식으로 생각해 보니 제가 아는 그리스도교 신앙의 많은 부분이 새롭게 보여요. 어떤 면에서 참회와 용서는 우리의 잘못을 존중하는 것이라고도 할 수 있겠네요.

윌리엄스　맞습니다. 잘못을 존중해야, 진지하게 여겨야 합니다. 그렇게 되면 참회는 새로운 관계로 나아가는 문을 열어 줍니다. 이렇게 되면 그냥 "미안합니다. 용서해 주십시오"라는 선에서 끝나지 않습니다. "미안합니다. 용서해 주십시오. 이제 우리는 어떻게 하면 좋을까요?" 이렇게 이어지겠지요.

저나지　국제 외교 무대에서도 이런 일이 일어날 수 있을까요? 각국이 교섭을 할 때 이런 일이 일어난다면 매우 흥미로울 것 같은데 말이지요.

윌리엄스　대부분 평화 협상에서는 과거만 바라보며 "문제? 무슨 문제가 있습니까?" 하고 말하거나 "저희가 잘못하기는 했습니다만 …" 같은 형식적이고 무정한, 사과 아닌 사과만 늘어놓고 있지요.

저나지　안타까운 일이지요. 문제기도 하고요. 그렇지 않나요?

우리가 지금 이야기하는 것들, 그러니까 새로운 관계를 향하는 것으로서의 참회, 용서와는 전혀 다르니까요. 그런데, 이 지점에서 궁금한 게 있습니다. 상대가 우리 이야기를 들을 생각이 없다면 어떻게 해야 할까요? 이를테면 ISIS와는 도저히 협상이 가능할 것 같지 않아 보이는데 말이지요. 이번에 런던에 오는 길에 보니까, 한 옥외 광고판에 기관총을 든 남자의 모습이 그려져 있고 '우리는 절대 협상하지 않는다'는 말이 적혀 있더군요. 공공 장소에 그런 광고가 있다는 데 상당히 놀랐습니다. 사람들도 순순히 받아들이는 것 같았습니다. '그래, 협상은 없어. 이대로 가는 거야'라고 생각하는 걸까요.

윌리엄스 ISIS 같은 집단을 상대할 때 어려운 점 중 하나는 협상할 거리가 없다는 사실이지요. 이런 말이 있더라고요. 'ISIS는 요구 사항이 없다.' 심지어 알카에다조차도 요구 사항이 있었는데 말입니다. 설령 그 요구 사항이 이스라엘의 해체 같은 비현실적인 이야기였다 해도요. ISIS는 그냥 "아냐, 아냐. 우리는 그냥 너희를 싹 다 죽이고 세계를 접수할 거야"라든가 "세계를 끝장낼 만한 전쟁이 일어나도록 도발하는 게 우리의 목표다"라고 말하는 것 같습니다. 이런 생각을 하는 사람들과 이야기를 하려 애쓸 필요는 없어요. 하지만 저 집단 안에 속한 이들을 하나의 인간으로 상상하고 탐색하는 것을 포기해서는 안 됩니다. 직접적으로든 간접적으로든 말이지요.

저나지 호주에서 저는 ISIS 점령 지역의 소식을 접하려고 어떤 온라인 프로그램을 지켜보고 있었는데요. 무슬림 활동가인 어떤 젊은 여성이 말하길 ISIS는 자기네 사람들도 살해한다고, 오히려 더 많이 살해한다고 하더군요. 우선 그런 문제가 있고요. 죽음을 막는다는 이유로 시리아 폭격이 지금도 이루어지고 있는데, 결국 그 폭격은 시리아뿐만 아니라 피난 중인 사람들에게도 여파를 미치며 더 많은 죽음을 낳고 있습니다. 이 관계들을 제대로 보지 못한다면 우리는 방향을 제대로 잡을 수 없을 거예요.

윌리엄스 여기에는 어떤 환상이 있습니다. 질서 정연한 민주적 반대파가 갑자기 시리아에 나타나서 시리아를 스웨덴으로 바꿔놓을 것이라는 환상 말이지요. 하지만 아이들을 위한 무상 유치원과 무상 급식, 남성 출산 휴가와 같은 것들이 시리아에서 단기간에 이루어질 수는 없습니다. 어제 저는 영국 학술원에서 주관한 만찬에 참여했습니다. 사람들은 시리아 사태에 관해 이야기를 나누었지요. 흥미롭게도, 시리아 폭격을 지지한 사람은 단 한 사람도 없었습니다. 정치·부족·종교가 뒤얽힌 중동의 엄청나게 복잡한 지형 안에서 무슨 일이 일어나고 있는지 정부도 정보부도 제대로 이해하지 못하는 것 같다고 다들 입을 모아 말했지요.

저나지 그렇군요. 정부가 상황을 제대로 이해하고 다른 방법을 강구할 수 있었더라면 어떤 일이 일어날까요. 평화와 화해 학회에서 저도 비슷한 일을 겪었습니다. 금요일 밤에 파리 폭탄 테러가 발생했고 바로 다음 날인 토요일에 사태의 진상을 이해하기 위한 토론회가 있었어요. 독일에서 온 철학자 한 명, 전직 라트비아 내무부 장관이었다는 목회자 한 명이 토론자로 참석했지요. 남아프리카 공화국에서 온 여성 연구자도, 미국에서 온 신학자이면서 철학자라는 사람도 있었습니다. 미국에서 온 사람은 '정당한 전쟁'에 대해 이야기했고 여성 참여자를 제외하면 모두 '폭격해야 한다'고 말했지요. 저에게는 상당한 충격이었습니다.

윌리엄스 어제 만찬 자리에는 학술원 고위직 한 분, 학술원 종교 부문 대표, 신학자로도 활동하고 있는 대표의 부인, 「이브닝 스탠더드」Evening Standard 기자 한 분, 런던 킹스 칼리지에서 철학을 가르치는 교수, 소설가 한 분, 어떤 싱크 탱크 대표 한 분, 런던 교구의 고위 성직자, 제가 참석했는데 모두가 폭격에 반대했습니다. 그리고 종교 부문 대표가 인상적인 이야기를 했습니다. 그리스도교인이지만 유대교 연구자이기 때문에 중동 사정에 밝은 데다 유대 세계 역사에 대해서도 해박한 분이거든요. 다른 참석자들도 각자의 경험을 바탕으로 발언을 했습니다. 모든 사람은 우리 정부, 특히 외무부의 상태를 보건대 현재 사태에 대한 이해도가 빈약함을 지적했습니다. 어떤 결정을 내리는 데 걸리는 시간이 너무나 짧다고도 이야기했지요. 물론 가능한 행동의 선택지가 많지 않다고 대부분이 생각하고 그 때문에 실제 선택지가 줄어든 면도 있습니다. 하지만 사우디아라비아 같은 곳에 충분히 외교적 압력을 가하지 않았다는 점을 참석자 대다수가 지적했습니다. 사우디아라비아는 이 문제의 많은 부분을 풀 수 있는 주체인데 말이지요.

또 우리는 러시아와도 제대로 협력하는 법을 찾지 못했습니다. 러시아와 우리의 국제 관계가 불안하기 때문이지요. 푸틴을 편들려는 생각은 추호도 없지만, 러시아와 우리가 시리아 문제에 공동으로 대응할 여지가 있었습니다. 하지만 이제 그 기회는 사라졌지요. 터키의 행위도 나토NATO가 얽혀있어서 어느 정도 눈감아 줄 수밖에 없었습니다. 게다가 우리는 질서 정연하게 뭉쳐서 힘을 발휘할 수 있는 반대파가 시리아에 있다는 근거 없는 믿음을 고수했어요. 아사드는 아주 못마땅한 인물이지만, 3년 전만 해도 러시아와 우리가 손을 잡고서 '아사드의 체면을 살릴 수 있는 출구 전략은 무엇인가? 시리아에 변화를 가져올 수 있는 인물들이 시리아 정부와 지배 계급 내에 있는가?' 같은 물음을 던질 수 있었습니다. 선거 준비도 하고, ISIS에 반격하기 위해서 시리아군 내 자원을 효율적으로 동원하는 방법도 고민하고, 사우디아라비아에 압박을 가하는 협동 전략도 생각할 수 있었지요.

저나지 이 중에 실현된 건 하나도 없고요.

윌리엄스 케임브리지에서 안락의자에 앉아 떠들기만 하는 건 참 쉽다는 걸 다시 한번 깨달았지요.

저나지 그렇긴 해요. 하지만 우리가 어디에 있든 이 문제들을 계속 생각하고 이야기하는 건 매우 중요하다고 봅니다.

윌리엄스 정부에서도 외교 세계에서도 이런 대화가 오가기는 했을 거예요. 하지만 시간이 지날수록 사람들은 이런 것들을 생각하지 않게 되고, 결국 기계적으로 반응하는 방식만 남게 되었지요.

저나지 바로 이 지점에서 우리가 말한 윤리적 선택을 해야 하는데 말이에요.

윌리엄스 맞습니다. 윤리의 핵심은 단순히 반응하는 게 아닙니다. 기계적으로 반응하지 않는 데서 윤리가 시작되지요.

저나지 저번에 나눈 대화에서도 이 주제를 다룬 적이 있지요. 단순히 법이나 '정의로움'에 비춘 올바른 행위가 어떤 문제를 일으키는지 바울의 신학을 통해 이야기했는데요. 정의롭게 되는 것, 정의롭다고 느끼는 것, 올바르다고 느끼는 것의 문제도 함께 이야기해 볼 수 있을 것 같아요.

윌리엄스　물론입니다. 지금 의회에서 오가는 주장들의 면면을 살펴보면 올바르게 행동하고 싶지만 무력한 상태를 견디지 못하는 것 같아요. 하지만 어떻게 보면 무력함은 그 자체로 현실이지요. 모든 일은 이 현실을 인정하는 것부터 시작되어야 합니다. 우리의 선의와 노력으로는 세상이 하루아침에 바뀌지 않습니다. 이러한 깨달음은 우리에게 무력감과 죄책감을 동시에 불러일으키기 때문에 받아들이기 쉽지 않습니다. 하지만 우리는 무엇을 할 수 있고, 또 해야 하고, 무엇을 할 수 없는지 제대로 이야기해야 합니다. 매우 불편한 방식일 수 있어요. 하지만 유일하게 정직한 방식입니다.

저나지　그런데, 정확히 뭐라고 표현해야 할지 모르겠지만, 우리가 아무것도 할 수 없다는 걸 어떻게 받아들일 수 있을까요? 죄책감이 아무 도움도 되지 않는다는 것은 알겠습니다. 정직하고 진실한 태도 없이 상황을 바꾸려 하면 상황은 더 악화될 테니까요. 제가 약간 횡설수설하고 있는 것 같은데…

윌리엄스　아닙니다. 이해했어요.

저나지　주교님은 윤리적 행동은 매우 연약한 상태, 어쩌면 그보다 더 심각한 상태를 인정하는 데서 출발해야 한다고 말씀하셨습니다. 언젠가 에마뉘엘 레비나스는 자신과 타인이 연약함을 아는 것이 윤리적으로 중요한 지점이라고 이야기한 적이 있지요. 이 이야기와 주교님의 이야기를 아울러 생각해 보면 어떨까요? 어떤 면에서는 무력함에서 윤리를 시작해야 한다는 이야기가 더 포괄적으로 들리는데요. 그렇다면, 어떻게 해야 윤리적 선택의 순간들을 만들어 낼 수 있을까요?

윌리엄스 '내가 할 수 있는 건 하나도 없어'라고 읊조리게 되는, 어찌할 바 모르는 무력감의 순간에서 다른 무언가로 전환되는 순간이 있습니다. 그다음 단계에서는 '그래, 내가 할 수 있는 건 없어. 잠시 앉아 호흡을 가다듬어 보자. 다시 보고, 또 듣는 거야. 누가 알겠어? 조금 더 생각해 보면 할 수 있는 일이 있을지도 몰라. 좌절하게 했던 그 일이 아닌 다른 일 말이야'라고 생각하게 되겠지요. 다시 한번, 우리는 좌절감에서 시작합니다. '나는 별다른 변화를 일으킬 수 없어, 내가 모든 걸 할 수는 없어. 나는 무능력해.' 이렇게 우리는 우리가 명백한 한계를 지닌 존재임을 깨닫습니다. 그렇다면 현실적으로, 그런 한계를 안고서 당장 시작할 수 있는 일은 무엇일까요? 대단치 않은 일일 수도 있습니다. 성직자나 심리 치료사가 무력함에 빠진 사람과 상담을 할 때는 이런 식으로 묻기도 하지요. "저녁 식사를 직접 차려서 드셔 보시겠어요? 전화를 한 통 걸어 볼까요? 이메일을 한 통 보내 보는 건 어때요?" 우울감에 빠져 위기를 겪는 이에게는 이렇게 말해 줄 수도 있습니다. "딱 이만큼만 해 보기로 해요. 이 정도만

한번 해 봅시다." 그러다 보면 우리 삶에서 아무것도 하지 못할 것만 같은 느낌에서 점점 벗어날 수 있습니다. 하지만 국제 관계에서 이런 과정이 어떻게 이루어질 수 있을지는 솔직히 저도 잘 모르겠습니다.

저나지 참, 어려운 문제입니다. 문득 《천국을 향하여》Paradise Now 라는 영화가 떠오르네요.[1] 팔레스타인의 자살 폭탄 테러범들을 소재로 만든 훌륭한 작품이지요. 영화는 그들이 어떤 사람들인지, 이 청년들이 어떤 상황에 처해 있는지를 보여 줍니다. 가족의 사랑을 받으면서 성장했고, 뭐 그런, 사람들이 '폭탄 테러범'이라는 말을 들으면 잘 연상하지 못하는 상황 말이지요. 방금 성직자와 심리 치료자 이야기를 하셨는데, 그런 걸 원하는 사람도 없고 폭력만 있는 상황에서는 어떻게 해야 하는지 의문이 생깁니다. 이러한 상황에서 은총은 어떠한 방식으로 드러날까요? 지난번에 주교님은 예상치 못한 방식으로 나타나는 은총에 대해 말씀하신 적이 있습니다. 하늘에서 내려오는 초자연적인 것이 아니라 상황을 다시 새롭게 볼 수 있는 상상력을 주는 것으로서의 은총 말이지요.

---

1 Hany Abu-Assad(dir.), *Paradise Now* (Los Angeles, Amsterdam, Sydney, Tel Aviv, Berlin: Augustus Films, Hazazah Film & Photography, Lumen Films, Lama Films, Razor Film, 2005)

윌리엄스　몇 주 전 「뉴 스테이츠먼」New Statesman에서 본 기사 하나가 생각나네요. 기자 한 명이 중동의 한 번화가에서 겪은 일을 바탕으로 쓴 기사였습니다. 기자에 따르면 길을 가던 중 어떤 덩치 큰 현지인이 갑자기 달려들어 벽으로 자신을 밀어붙였습니다. 말로만 듣던 자살 테러인 줄 알고 '아, 이렇게 끝나는 건가' 하고 덜덜 떨고 있는데 커다란 차량이 빠른 속도로 지나가더랍니다. 그 현지인은 기자가 차에 부딪힐 것을 염려해 벽으로 그를 밀어붙인 것이었지요. 매우 인상적인 이야기였습니다.

비교적 최근에 나온 영국 영화 《네 얼간이》Four Lions도 생각나네요.[2] 나름의 방식으로 대담한 주제를 다룬 영화입니다. 여기서 '네 얼간이'는 네 명의 이슬람 근본주의자 자살 폭탄 테러범들을 가리킵니다. 심각한 소재지만 영화 자체는 상당히 웃겨요. 영화는 이 네 사람이 영국의 무슬림 사회라는 환경에서 살아가는 모습을 보여 줍니다. 주인공 중 한 명은 그리 똑똑하지는 않지만, 가족을 사랑하는 아버지이자 남편이지요. 두 명은 무능한 미혼의 청년들이고, 조금 나이 든 한 명은 멍청한 광신도입니다. 이 인물들은 각자의 경로를 통해 이슬람 근본주의라는 환상에 사로잡히게 되는데, 영화가 진행될수록 이 사람들은 자신들의 무능함을 드러냅니다. 두 청년은 아프가니스탄으로 가 게릴라 전사들 사이에서 힘겹게 생활합니다. 이들은 게릴라들이 왜 동쪽을

2　Christopher Morris(dir.), *Four Lions*, London (Berlin: Film4, Warp Films, Wild Bunch, Optimum Releasing, 2010)

향해 기도하지 않는지 이해하지 못하지요. 그렇게 지내다가 그들은 실수로 로켓포를 발사해 자기들이 속해 있던 테러리스트 집단의 지도자를 죽이게 됩니다.

네 인물은 모두 테러 활동에 몸담고, 끔찍한 일들을 계획하다 결국 죽음을 맞이합니다. 하지만 이 영화를 통해 우리는 무능해서 사회로부터 소외되고 인생의 갈피를 못 잡는 사람들이 이런 활동에서 희열을 느끼고 삶의 의미를 찾는 가슴 아픈 이야기를 접하게 됩니다. 이런 사람들의 이야기를 조금이나마 이해해보려는 작은 시도라 할 수 있지요. 물론 이런 이야기를 접한다고 갑자기 모든 게 달라지지는 않고, 저 네 사람이 벌이는 일에 공감해서는 안 되겠지요. 하지만 그릇된 길로 이끌려 간 사람들을 연민의 시선으로 바라보자는 영화의 초대에 우리는 응할 필요가 있습니다.

저나지 핵심은 이거라고 생각해요. 그들도 인간이고, 우리를 지금 우리의 모습으로, 그들을 지금 그들의 모습으로 만드는 건 우리와 그들을 둘러싼 습관과 문화, 삶의 방식이라는 점 말이지요. 여기에는 신념 체계도 분명 영향을 미칠 것입니다. 주교님이 말한 초대에 응한다는 것은 기본적으로 그 차이를 받아들이는 것이겠지요. 그들도, 우리도 무엇이 정의로운지, 무엇이 올바른지 나름의 생각을 갖고 있다고 말이지요. 이러한 맥락에서 저는 바울의 이야기가 매우 흥미로웠습니다. 각자가 생각하는 올바름,

정의만으로는 참된 의미의 올바름, 정의를 이룰 수 없다는 점을 지적했기 때문이지요.

윌리엄스 바울이 제기한 건 일종의 이런 물음이지요. '아, 당신은 올바르군요. 그래서요? 그게 답니까? 그것으로 충분합니까?'

저나지 자신의 올바름만을 고수하는 태도는 더 많은 피해, 더 많은 파괴, 더 많은 폭력을 낳을 뿐이지요. 다시 한번 주교님 이야기가 생각나네요. "폭력은 당연한 것도 필연적인 것도 아니다." 하지만 우리는 인간이 본성상 폭력적이라고, 아니면 공격적이라고 생각하곤 하지요. 실제로 우리에게는 공격적인 측면이 있지만, 그런 면을 꼭 갈고닦을 필요는 없습니다.

윌리엄스 맞습니다. 우리는 다르게 말할 가능성, 다르게 행동할 가능성에 대해 생각하면서 상상력의 공간을 열어 두어야 합니다. 인간에게서 그걸 빼앗을 수는 없어요.

저나지 그래서 《네 얼간이》나 《천국을 향하여》 같은 영화는 매우 건조하고 냉랭해 보이는 상황에서 다른 어떤 것, 다른 진리를 상상해 볼 공간을 제공하지요. 여기까지 걸어오면서, 기차역에서 사람들을 마주치면서 생각한 건데, 정부가 다른 나라를 폭격하거나 전쟁을 한다고 해도 사람들은 별로 깊게 생각할 것 같지 않아요. "아, 그렇군. 좋네" 이러고 말겠지요. 하지만 지금까지 와는 다른 토론이 이루어지고, 다른 어떤 이야기, 심상을 통해서 상상력이 깨어난다면 잠시 멈춰 서서 좀 더 생각해 볼 수도 있겠다는 생각도 들었습니다. 그리스에서 《개를 위한 민주주의》Dogs of Democracy라는 다큐멘터리를 작업하면서 여러 흥미로운 사건을 접했는데 그중에서도 인상적인 일은 파업이었습니다. 마침 그리스에서는 파업이 연달아 벌어졌고, 이런저런 기념행사도 아주 많았는데, 제가 그리스에 도착했을 때는 총파업이 진행 중이었지요. 시차 때문에 피곤해서 그런지 모든 게 약간 비현실적으로 다가왔어요. 사람들이 아이들을 데리고 나오고, 음악도 있고, 아주 평화로웠습니다. 이를 통해서 사람들은 '현재 모든 변화, 개혁, 긴축 재정이 우리를 죽이고 있다'고 말하고 있었지요. 잘 조직되고 조율된 방식으로 화염병을 던지는 순서도 있었는데, 일종의 퍼포먼스였고 시위의 한 방법이었지만 그로 인해 평화로웠던 파업 분위기가 갑작스레 너무 겁나는 분위기로 바뀌었어요.

간디가 떠오르는 순간이었습니다. 이런 상황에서 폭력은 아무런 도움도 되지 못한다고 생각했거든요. 파업이 일어났을 때 실제로 변화를 끌어내는 건 함께 모이되 폭력을 사용하지 않는 사람들이었어요. 주교님은 이 점에 대해 어떻게 생각하시나요? 제가 보기에 간디가 활동하던 세계는 어쨌든 분명한 억압자를 식별할 수 있던 세계였습니다. 그 당시 상황도 혼란스럽고 여러 어려움이 있었지만 말이지요. 하지만 당시 세계와 견주면 우리가 마주한 세계는 훨씬 더 혼란스럽게 권력들이 충돌하는 세계 같습니다. 요즘 일어나는 테러를 두고도 이를 명확히 규정하기 어렵지요. 그렇기 때문에 평화로운 시위 가운데서도 폭력이 갑작스럽게 터져 나오는 게 아닌가 싶습니다. 개인적으로는 간디의 비폭력주의가 여전히 중요하다고 생각하지만, 우리의 상황에서 비폭력주의는 어떤 의미를 가질 수 있을까요?

윌리엄스 솔직히 지금 중동에서 폭력에 희생당하는 사람들에게는 비폭력주의가 어떤 의미가 있을지 잘 모르겠습니다. 다만 중동에 있는 제 그리스도교인 친구들은 중동 사안과 관련해 물으면 대부분 이렇게 말합니다. "서구 국가들의 폭격은 절대 우리 삶을 낫게 만들어 주지 않아요. 우리는 우리의 방식으로 이걸 헤쳐 나갈 길을 찾을 겁니다." 중동에 있는 그리스도교 공동체들은 생존을 위해 오랫동안 수동적인 전략을 강요당해 왔어요. 무언가를 선택할 수 있는 위치에 있어 본 적이 없지요. 언제나 비폭력적 공존을 추구할 수밖에 없었고, 이로 인해 상당한 대가를 치르기도 했습니다. 지난밤 만찬 이야기를 다시 해보면, 만찬 전에 잠시 환영회가 열렸는데 이라크에서 온 그리스도교 고위 성직자 한 분과 대화할 기회가 있었어요. 그분도 중동에서 온 사람이 으레 하는 이야기를 하셨습니다. "그냥 아무것도 하지 마세요."

저나지 이번 대화는 참회에 관한 이야기로 시작되었는데요. 어떻게 보면 이번 대화의 주제는 '정의가 실패할 때'라고도 할 수 있을 것 같습니다. 정의, 혹은 올바름이라는 말의 유용성을 재고해야 하는 게 아닌가 하는 생각도 드네요. 선함이라든가 다른 표현을 쓰는 게 더 낫지 않을까요?

윌리엄스 제 생각에는, 우리가 기계적인 정의 개념을 물려받은 게 문제입니다. 우리는 정의를 자격과 관련해서만 생각하는 경향이 있습니다. 정의란 어떤 것을 받을 자격이 있는 사람에게 그걸 주는 데서 그치지 않는, 그 이상의 무언가임을 깨달아야 한다고 봅니다. 예전에 '의로움', '올바름'을 두고 대화를 나누며 이에 관해 언급한 바 있지요. 정의든 의로움이든, 올바름이든 오늘날 관념에는 정적이고 시혜를 베푸는 듯한 태도가 깔려 있습니다. 하지만 정의와 올바름을 가리키는 히브리어는 '방향이 올바른 상태', '가지런한 상태'를 뜻하지요. 하느님의 뜻을 따라 정신과 몸을 가지런히 하고 다른 사람과 함께 나아가야 할 방향과 현실을 바라보는 것, 그것이 정의입니다. 이런 맥락에서 정의는 본질적으로 활동입니다. 제대로 보고, 알고, 행동하는 습관을 기르는 것이지요. 자격을 따지는 게 아니라 어딘가로 나아가는 활동이자 과정입니다. 달리 말하면 현실을 축소하거나 닫는 것이 아니라 활짝 여는 것입니다.

저나지 첫 대화에서 올바르게 하기, 제대로 하기와 관련해 이런 저런 이야기를 나누었는데, 좀 더 나눌 이야기가 있지 않을까 싶습니다. 삶을 가지런히 하는 것, 재배열하는 것과 정의를 연결해 좀 더 다양한 이야기를 할 수 있을 것 같아요. 주교님은 여전히 우리에게 정의라는 개념이 유용하다고 생각하시는 거지요?

윌리엄스 네. 여전히 의미가 있다고 생각합니다. 정의라는 말을 쓰지 않는 것은 이와 관련된 문제들을 회피하는 것과 다름없어요. 그리고 그 의미를 잘 살린다면, 다른 문제를 놓고서도 새로운 상상력을 갖게 될 수 있습니다. 이를테면 국제 구호는 단순한 자선의 문제가 아니라 정의의 문제라고 말할 때 거기에는 곱씹어 볼 만한 주장이 담겨 있습니다. 오늘날 우리가 '국제 구호는 자선의 일환'이라는 말을 들었을 때 갖게 되는 인상을 넘어서서, 이 활동이 훨씬 더 풍요롭고 적극적이며, 덜 감상적이고 단순히 타인에게 수동적인 도움을 주는 것이 아님을 깨닫게 되지요. 그러니까 우리는 정의도 이야기하고 사랑과 화해도 이야기해야 합니다. 올바른 관계를 복원하고, 성취하기 어렵기는 하나 진실함을 회복해야 합니다. 그리고 같은 차원에서 우리는 현실을 정직하게 볼 수 있는 현실주의자가 되어야 합니다. 정의라는 언어를 버리면 이런 것들을 잃게 됩니다. 회복이나 평화를 이루기 위해서는 겪을 수밖에 없는 불편하고, 불쾌한 측면들을 보지 못하게 되는 것이지요. 우리가 정직하게, 정말로 잘 살려면 이런 부분을 반드시 들여다보아야 합니다. 이러한 맥락에서 '궁핍한 이들을 돌보는 것'은 높은 위치에 있는 사람, 힘 있는 사람이 시혜를 베푸는 것이 아닙니다. 사태를 바로잡아 망가지고 뒤틀린 현실을 가지런히 하는 일, 회복하는 일이지요.

저나지 저울의 균형을 기계적으로 맞추는 일이 아니라, 현실을 새롭게 가지런히 하는 일이란 말씀이시군요.

제4장

시간과 관심

2016년 6월

저나지 지난번에는 현실을 새롭게 가지런히 하는 활동으로서의 정의에 관해 이야기했습니다. 요즘 현실을 보면 인간의 가치가 시장 경제 논리에 점점 더 지배당하고 있는 것 같아요. 민족주의, 국가주의도 점점 더 공고해지고 있고 말이지요. 브렉시트는 그 대표적인 예라 할 수 있겠지요. 오늘날 이런 문제들을 염두에 두고 정의를 논의한다면 어떤 점들에 주목해야 할까요?

윌리엄스 요즘 영국에서 유럽에 대한 토론이 이루어지는 모습을 보면, 우리의 정체성에 대한 고민, 영국의 입장에서든 대륙의 입장에서든 우리가 한때 가치 있다고 여겼던 것들에 대한 감각이 상당히 부족해 보입니다. 우리가 어떻게 살아야 하는지, 우리는 어떠한 미래를 희망하는지에 대해서도 거의 이야기를 하고 있지 않지요. 공적 토론에서는 언제나 안보와 이익에 관해서만 이야기합니다. 방금 물으신 게 이런 맥락과 관련이 있지 않나 싶은데요. 요즘 우리는 우리의 역사를 기이할 정도로 1차원적인 방식으로만 봅니다. 국가 정체성이라는 게 영원히 고정된 상태로 주어진 것처럼 생각하고, 우리가 그런 정체성을 발달시켜 왔다거나 학습했다거나 만들어 냈다고는 전혀 생각하지 않지요.

최근 어떤 강연을 들었는데요. 강연자는 영국법 전통을 약간 다루면서 지금의 모습을 갖추기까지 우리가 얼마나 지난한 여정을 거쳤는지, 그 과정이 얼마나 복잡했는지 이야기하고 사람들이 흔히 주장하듯 우리가 노예마냥 유럽의 통제를 받는다는 것은 거의 사실이 아니라고 이야기했습니다. 사람들은 심각하게 왜곡된 상을 가지고 있고, 이는 인내심을 가지고 배우지 못하는 우리의 현실을 잘 드러낸다고 생각합니다. 요즘 이 문제를 자주 생각하곤 해요.

저나지 정체성에 관해서 말씀하시는 것들도 그렇고, 정체성이 왜 중요한지, 또는 어떻게 보면 그게 왜 중요하지 않아야 하는지 말씀하시는 내용이 흥미롭네요. 조급함에 관한 것도 그렇고요.

윌리엄스 다 연결되어 있는 문제입니다. 우리에게 고정된 정체성이 주어져 있다고 생각하면, 다시 말해서 정체성이 우리를 둘러싼 예상치 못한 상황들과 도전에 대응하면서 형성되는 게 아니라고 생각하면 우리는 무엇을 어떻게 배워야 하느냐는 물음을 던지지 않게 됩니다. 배움의 중요성을 깨닫는다면, 그 과정에는 시간이 필요하다는 점을 기꺼이 존중하게 되고, 무언가를 하기 위해서는 어느 정도의 시간이 필요하다는 점도 받아들일 수 있게 되지요. 그러고 나면 우리에게 어떤 역할들이 뚝 떨어져서 주어진다는 생각에 의심을 하게 되고, 그런 역할을 우리가 특정 시공간에서 살아가는 피조물이라는 깨달음과 별개인 것으로 생각하지도 않게 됩니다. 이런 피조성은 우리로서는 어쩔 도리가 없는 부분이에요. 우리는 언제나 어떤 과정 안에 있습니다. 그 가운데서 발견하고 말이지요.

모든 것을 정체성을 발견하는 계기로 만들려는 열정 어린 시도는 참 당혹스럽습니다. 개인이든 집단이든 국가든 영원히 참된 정체성이 있고 그걸 찾겠다는 노력 말이지요. '당신이 원한다면 무엇이든 될 수 있다'는 식의 수사법이 인기를 얻는 것도 이와 관련이 있다고 생각합니다. 우리가 갈망하는 고정된 것들이 있고 적절한 조건만 갖추면 그걸 이룰 수 있다고 여기는 것이지요. 하지만 도대체 왜 '이것' 혹은 '저것'을 원하는지, 왜 '저것'보다 '이것'을 더 가치 있게 여기는지, 그걸 얻어야만 하는 이유, 혹은 이루어야만 하는 이유는 무엇인지, 이 시공간을 사는 나에게 가능한 건 무엇이고, 불가능한 건 무엇인지, 가능한 걸 이루기 위해서는 어느 정도의 시간이 걸릴지, 여기서 저기로 나아가려면 나는 어떤 사람이 되어야 하고 무엇을 해야 하는지는 묻지 않습니다.

저나지 정말 중요한 물음들인데 말이에요.

윌리엄스 그렇습니다. 한 사람으로서, 집단으로서, 교육자로서 물어야 할 질문이지요. 오늘 아침 어떤 학회에 다녀왔는데 주제가 '어린이와 명상'children and meditation이었습니다. 초등학교에서 명상을 어떻게 가르쳐야 할지 토론하는 자리였지요. 학교 선생님들은 실제 현장에서 어린이들이 가만히 앉아 고요함에 몰입할 수 있도록 돕는 과정, 자신의 감정을 그대로 행동으로 표출하기보다는 스스로 돌아보면서 자신이 어떤 감정을 느끼는지를 알수 있게 가르치는 과정을 들려 주었어요. 몇 주 전에는 제 딸이일하는 학교에 방문할 일이 있었습니다. 딸은 아이들이 학교 운동장 한쪽에 '기도 정원'을 가꾸게 하고서, 그런 공간을 어떻게 활용하고 싶은지 물었어요. 아이들이 어떻게 대답했을까요? 여덟 살쯤 된 한 남자 어린이는 너무 화나거나 너무 슬플 때 거기에 가서 자기 기분이 어떤지 생각해 봐야겠다고 말했습니다. 아주 정확한 대답이라고 생각했지요.

우리는 어떤 느낌을 받으면 그 즉시 그 감정은 진짜고 어떻게든 표출해야 한다고 생각하는 것 같습니다. 물론 이를 억압하는 문화도 건강하지는 않지만, 우리는 좀 지나칩니다. 감정을 그냥 날뛰게 하는 게 옳다고 생각하지요. 하지만 우리는 감정에 대해서도 지적으로 돌아볼 수 있습니다. 데이비드 브룩스David Brooks의 『인간의 품격』The Road to Character이 어느 정도 이런 부분에 주목하고 있지요.[1] 이 책에 대한 평가는 엇갈리지만(저도 다소 그런 입장에서 서평을 썼습니다만), 여기에서 브룩스가 주장하는 내용 중 하나는 우리가 성품character이라고 부르는 건 우리가 어려움을 겪게 될 때 이에 진지하게 맞섬으로써 형성된다는 것입니다. 달리 말하면, 우리가 통제할 수 없는 세계에 있다는 사실을 어떻게 받아들이느냐에 달려 있다는 거예요. 투지에 불타오르게도 하고 지쳐 쓰러지게도 하는, 인간으로서 우리가 겪는 일들을 대하는 태도 말이지요. 이 과정에서 우리는 시간, 사유, 잘 도야된 감정을 필요로 합니다. 시각이 지나치게 개인주의적일 때도 있지만, 브룩스는 의미 있고 일관된 자아로서의 '성품'을 이루는 과정에서 사고와 감정이 손을 잡아야 한다는 매우 중요한 지점을 잘 짚어 내고 있어요.

저나지 두 가지를 더 깊게 다루어 보고 싶네요. 하나는 국가 정체성에 관한 것이고요. 다른 하나는 방금 말씀하신 투지, 성품에 관한 것입니다. 오늘날 우리는 무엇을 정말로 가치 있다고 여기는 걸까요? 브렉시트에만 한정된 건 아니지만, 브렉시트에 관

---

1 David Brooks, *The Road to Character* (New York: Random House, 2015) 『인간의 품격』(부키)

한 논의는 정체성과 성품에 관한 문제를 제기하는 것 같은데 말입니다.

윌리엄스 사람들 사이에 오가는 말을 들어 보면 그것이 어떠하든 간에 자신의 현재 모습을 유지하는 것을 가치 있게 여기는 것 같아요. 영국을 예로 들면, 대다수 사람은 영국 시민으로서 자신은 섬나라에 사는 사람, 유별나게 정치적 자유를 사랑하는 독립적인 사람이라고 여기는 것 같습니다. 하지만 '영국은 섬나라다' 같은 말은 틀린 말이거나 피상적인 말입니다. 실제로는 여러 나라가 모여서 영국 제도를 구성하니까요. 물론 영국은 유럽 대륙에 속하지 않았고, 섬나라라는 사실이 역사의 많은 부분을 설명해 주기는 하지만, 그 사실은 어떤 가치 판단을 끌어내지 못합니다. 언젠가 G.K. 체스터턴G. K. Chesterton이 이런 말을 한 적이 있지요. "옳든 그르든 내 나라"와 같은 정치인들의 구호는 "술에 취했든 취하지 않았든 내 어머니"와 같은 말이라고요. 다시 말해 그건 어떤 관계에 대한 사실을 이야기한 것일 뿐, 우리가 무엇을 해야 하는지, 무엇을 가치 있게 여겨야 하는지는 이야기해 주지 않는다는 겁니다.

저나지 주교님이 말씀하신 시간에 대한 감각과는 아무런 관련이 없지요. 이런 문제들은 시간과 인내를 필요로 하는데 말입니다.

윌리엄스 일종의 역설이 있습니다. 일부 정치인들이나 논객들은 영국사 중 특정 부분을 잘 알아야 한다고 강조합니다. 대영 제국의 위업이라든가 영국이 승리를 거둔 전쟁들, 영국이 민주주의 제도를 이루어 낸 과정 말이지요. 우리가 역사를 알아야 하고, 영국이 오늘날 도달한 상태는 상당히 놀랍다는 이야기에는 동의합니다. 우리는 지금과 같은 사회를 이룩하기 위해 분투했고, 때로는 전진할 때도, 때로는 후퇴할 때도 있었습니다. 이를테면 한 차례 충격적인 내전을 겪은 뒤 영국인들은 다시는 내전을 벌이지 않았습니다. 내전이 남긴 가장 확고한 유산은 법치와 입헌 군주정에 대한 신념이라 할 수 있지요. 하지만 우리가 기억해야 할 것은 이런 진전을 이루기까지 극심한 갈등을 포함해 매우 다양한 일을 겪었다는 것입니다. 결코 단순하고, 쉽고, 명료한 과정이 아니었어요. 역사를 배워야 하는 이유는 역사가 지금 우리가 된 과정을 보여 주기 때문이지 영국인들이 다른 나라 국민보다 우월하고 지혜롭다는 걸 확인하기 위함이 아닙니다.

저나지 영국이든 유럽이든 미국이든, 세계 어느 나라를 보더라도 국가 정체성을 찾으려는 시도는 우스꽝스러워 보입니다. 세계는 상당 부분 이민을 통해서 구성되었으니까요. 그게 현실이지요. 우리가 맞서야 할 어려움이라든가 성품이 형성되는 과정에 대해 말씀하신 것들을 들으면 우리는 어떻게 살아야 하는가, 우리는 어떻게 나아가야 하는가, 이런 물음들이야말로 정체성과 인간의 가치를 고민할 때 중요한 물음들이 아닌가 싶습니다. 결국, 우리는 그 모든 어려움에도 불구하고 환대하는 법을 익혀야 한다고 봐요. 그리고 이건 이전에 말씀하신 자선과 정의의 문제와 관련되는 것 같습니다. '우리가 맺고 있는 관계들을 온전히 보기'라는 문제도요.

윌리엄스 맞습니다. 그 점을 기억하면서 '낯선 이'들이 세계 저편에만 있지 않다는 사실을 인식할 필요가 있지요. 물론 오늘날 진행되고 있는 대규모 이주 현상은 어려운 문제입니다. 하지만 그게 우리가 과거에 겪은 어려움보다 본질적으로 더 어려울까요? 우리는 국가 정체성, 문화 정체성이라는 신화에 너무 집착하고, 그러다 보니 불가피하게 서로 반목합니다. 아주 위험한 일이에요.

정처 없이 세계를 돌아다니는 세계 시민주의를 장려하려는 의도는 조금도 없습니다. 우리는 당연히 우리의 과거를 알아야 하고, 이런저런 이야기와 장소에 뿌리를 내리고 있어야 합니다. 저는 제가 웨일스 사람이라는 사실을 강하게 의식하고, 웨일스의 유산과 연결되어 있다는 사실, 웨일스 사람이라는 정체성을 가졌다는 사실을 기꺼이 인정합니다. 숨길 생각도 없고요. 하지만 그런 태도가 곧 웨일스인이 모든 인간 집단 중 최고라거나 다른 모든 사람은 이런저런 흠결이 있다고 떠들어 대는 것과 같다고는 볼 수 없지요. 말도 안 돼요. 이 부분에서 저는 바울의 신학을 떠올립니다. 그가 고린토인들에게 보낸 첫째 편지에 썼듯 우리가 선물을 받은 이유는 다른 이들에게 주기 위해서입니다.

이 맥락에서 영국사에 대해 다시 이야기해 볼까요. 법, 인신 보호 영장, 배심원 재판, 행정 권력이 함부로 통제할 수 없게 하는 자유, 우리가 당연시하는 시민의 자유…. 우리가 이것들을 발견하고 확립하기까지는 실로 오랜 시간이 걸렸습니다. 때로는 이러한 것들을 다른 사회에 전했고 때로는 그 사회에 뿌리내렸고, 때로는 그렇지 못했지요. 하지만 이건 우리가 나누어야 할 선물이었지, 영국인의 탁월한 지혜를 보여 주는 건 절대 아니었습니다. 같은 맥락에서 저는 제가 소중히 여기는 웨일스의 문학적, 음악적 유산을 다른 이들과 기꺼이 나누고 싶습니다. 그럴 때 행복을 느끼기도 하고요.

저나지 나눔 역시 사람들의 관계와 사회적 유대를 다시 생각해 보게 하고, 또 빚어내는 하나의 방법이지요. 우리의 정체성과 경험에 대한 감각을 어떻게 더 풍부하게 키울지 고민하는 길이기도 하고요.

윌리엄스 네. 우리가 어떤 정체성을 가지든 그건 본질적으로 자신뿐만 아니라 이웃을 풍요롭게 하기 위한 것입니다. '이웃을 풍요롭게 하는 정체성'이라는 개념이 역사와 정체성 문제를 푸는 실마리가 된다고 봐요.

저나지 맞습니다. 그런 개념을 받아들이면 우리는 자기 자신에 대해서만 생각하기를 멈추고 관계에 대해서, 혹은 선물에 대해서 생각하게 되지요. 그건 일반적인 의미의 요구와는 다르다고 봅니다. 우리에게 부여된 인간으로서 책임을 관계의 측면에서 바라보는 것인데, 새로운 종류의 사회-정치 철학이라고도 할 수 있겠네요. 우리의 정치적 사유는 많은 부분 '요구'의 측면에만 주목하니까요. 친교의 감각, 한데 모이는 감각을 일깨울 수도 있겠고요.

윌리엄스 강연할 기회가 생겨서 디트리히 본회퍼Dietrich Bonhoeffer 의『윤리학』Ethics을 요즘 다시 읽고 있는데요.[2] 이 책에서 본회퍼가 주장하는 내용도 지금 이야기한 것과 맞닿는 부분이 있습니다. 물론 그는 아주 특수한 정치 상황 가운데『윤리학』을 썼지요. 국가 정체성, 그것도 가장 억압적이고, 이의를 제기할 수 없으며 타자에게 적대적인 국가 정체성이라는 신화에 대항하면서요. 본회퍼는 그리스도라는 정체성을 인간의 가장 탁월한 본으로 제시함으로써 나치의 신화를 분쇄하고 우리가 지금까지 이야기한 국가 정체성에 관한 통념을 뒤흔들지요. 그는 그리스도의 정체성을 "타자를 위한 존재"로 규정합니다. 그리스도가 지닌 힘과 깊이는 그분이 이웃을 치유하고 용서하기 위해 그곳에 계

---

2   Dietrich Bonhoeffer, *Ethics* (New York: Macmillan, 1955)『윤리학』(대한기독교서회)

셨다는 사실에서 나옵니다. 그러니까 교회가 그리스도라는 정체성으로 규정되는 영역에서 살아간다면, 교회도 그리스도처럼 살아야지요. 교회의 책무는 경쟁자들에 맞서며 신념의 경계를 세우는 게 아닙니다. 교회는 결코 방어만 할 수 없습니다. 널리 알려져 있듯 본회퍼는 제3 제국에 대한 (아주 제한적이기는 했지만) 교회의 저항 운동에 가담했습니다. 하지만 얼마 뒤 그런 운동과 일정한 거리를 두면서 히틀러에게 저항하는 '고백 교회'가 점점 자기중심적인 태도를 취하면서, 가장 극심하게 고통받는 이들이 누군지 보지 못하고, 더 넓은 관점에서 상황을 변화시킬 방법을 찾지 않고 있다고 비판했지요. 일종의 '보호 구역' 같은 걸 만들어 그 안에 '우리'만 남으려는 방식, 본회퍼는 그런 방식이 완전히 잘못되었다고 말한 겁니다.

저나지   요즘의 상황과 비슷한 면이 있네요.

윌리엄스   그렇게 볼 수 있지요.

저나지   유럽 대륙과 영국 모두요.

윌리엄스   '우리'만 살아남으려 고군분투하지요.

저나지   맞습니다. 그렇다면 우리가 어떤 식으로든 연결되어 있다는 걸 어떻게 깨달을 수 있을까요? 이게 배움의 과정이라든 가, 도덕적 상moral image과 가치에 대한 감각과 관련해서 어떤 의미가 있다고 생각하세요?

윌리엄스 신비, 존엄, 그리고 낯선 이의 권리에 대한 감각이 없으면 '가치'에 대해서 이야기할 수 있는 게 많지 않다고 생각합니다. 이런 것들 없이 가치를 논해 봐야 우리의 선호와 편견을 반영하는 거울이 될 뿐이지요. "내가 좋아하고 가치 있다고 여기는 건 이런 거야." 이런 식으로 말입니다. 이와 달리 본회퍼 같은 사람은 가치에 대한 감각에 주목합니다. 즉 타자라는 현실에 의해, 말하자면 타자가 우리에게 미치는 무언가, 타자가 우리에게 미치는 영향으로 인해 우리가 중심이 되기를 중단할 때 비로소 가치가 드러난다고 말하지요. '그리스도교 윤리의 기초' 같은 수업에서나 들을 법한 내용이지만, 가끔 이런 통찰을 되새긴다고 나쁠 건 없겠지요.

저나지 맞습니다. 낯선 이에 대해 이야기하지 않고서는 인간의 가치에 대해서 깊이 있는 논의를 할 수가 없지요. 이런 가치에 대한 감각을 키울 수 있는 방법에는 무엇이 있을까요? 우리는 물건, 돈, 이익과 결부해 가치에 대해 이야기하곤 합니다. 제 생각에 사람과 사람의 관계에서 가장 멋진 순간은 예상치 못한 때, 갑자기 찾아온다고 생각하는데요.

윌리엄스 예상할 수도 없고 돈으로 살 수도 없지요.

저나지 우리는 일상을 살면서 동시에 '국가'라는 영역에 삽니다. 이런 관계들을 어떻게 함께 사유할 수 있을까요? 달리 말하면, 어떻게 해야 우리 자신을 파괴하지 않으면서 앞으로 나아갈 수 있을까요?

윌리엄스 심각하게 고민할 문제지요. 지금처럼 전 세계에 극심한 불신이 팽배하고 온갖 폭력이 난무하는 시절이라면요. 20년 전만 해도 이런 상황은 예측하지 못했는데 말입니다.

저나지 지난번 주교님과 이야기를 나누었을 때는 파리 폭탄 테러가 벌어진 직후였지요. 그게 겨우 6개월 전이네요. 요즘 일어나는 몇몇 일들은 예전에는 상상할 수 없는 일들이었습니다.

윌리엄스 맞습니다. 말씀하신 것처럼, 개인의 영역에서는 말이라도 호혜와 존중이라는 이상적인 관계에 대해 이야기하지만, 공공 영역에서는 폭력과 보복이 당연하고 어떤 면에서는 불가피하다는 생각이 지배적이지요. 교육이 중요하다는 이야기를 다시 해야겠습니다. 정서와 상상력을 교육할 필요가 있어요. 오늘날 교육에 관해 이야기를 하면 보통 우리를 생산 라인 속 톱니바퀴로 더 잘 기능하게 해 주는 지식과 기술을 어떻게 잘 습득하게 하느냐에만 관심을 기울입니다. 하지만 공교육이 반드시 그렇게 나아가야 하는 건 아니지요.

최근에 이스트 런던에 있는 어떤 학교 학생들이 제가 일하는 학교에 방문한 일이 있었습니다. 학생들이 학교를 둘러보고 대학에 대한 낯섦, 혹은 두려움을 갖지 않게 해 주려는 행사였어요. 그런데 학생들은 저희에게 아주 중요한 가르침을 주었습니다. 그들은 학교에서 셰익스피어의 『맥베스』Macbeth를 공부하면서, 이 작품의 주제들을 다양하게 변용하는 방식으로 수업을 진행하고 있다고 하더군요.[3] 열세 살에서 열네 살쯤 된 학생들이었는데, 『맥베스』를 두고 20분 정도 성찰하는 법을 익히는 것이지요. 특정 단어나 운율, 심상, 주제를 하나씩 음미하면서 말입니다. 런던 타워햄리츠에 사는 열세 살 무슬림 소녀가 『맥베스』 같은 책을 읽고 그 핵심을 뽑아내는 경험이야말로 진짜 배움이라는 생각이 들었습니다. 자신이 안주하고 있던 곳에서 벗어나 새로운 사고와 정서를 발견하는 과정이지요. 그러면서 동시에 타인과 내가 공유하는 인간성을 이해하는 새로운 방법을 배우는 과정이고요. 물론 백인 영국인 가정에서 자란 열세 살 소녀가 이슬람 세계나 문화적으로 동떨어진 다른 세계의 고전을 읽는 것도 자신이 처해 있던 조건에서 빠져나와 새로운 것들을 배우는 것이라 할 수 있습니다.

---

3 William Shakespeare, *Macbeth* (London: Wordsworth Editions, 2005) 『맥베스』(아침이슬)

저나지 우리에게 필요한 게 바로 그런 거지요. 타인의 위치에 서
는 것이 무엇이고 그게 어떤 함의를 지니는지 이야기하기에 『맥
베스』는 좋은 예 같습니다. 백인 아이가 이슬람의 고전을 읽는
경험이 어떤 것일지도 궁금하고요. 저는 이 모든 게 정체성을 내
려놓고 '친교'를 배우는 과정이라고 봅니다. 인간 대 인간, 그리
고 때로는 인간 대 비인간으로 같은 공간에서 경험을 공유하는
아주 현실적인 과정 말이지요. 저는 시인 파리드 우드 딘 아타르
Farid ud-Din Attar의 「새들의 회의」Conference of the Birds를 정말 좋아하
는데요.[4] 이슬람 신비주의인 수피즘 교리를 우의적으로 재해석
해 정체성과 가치의 갈등을 탐구한 작품입니다.

윌리엄스 가끔 사람들은 다른 문화권의 풍부한 유산이 우리에게
제기하는 물음을 받아들이면 우리 문화의 유산을 통째로 버리게
되는 건 아닐까 우려하고 불안해합니다. 여러 대학에서 교육 과
정을 '탈식민화'하는 문제를 두고 벌이는 논쟁도 이러한 지점에
서 생각해 볼 필요가 있겠지요. 많은 사람이 그건 정치적 올바름
에 취해 우리 유산을 배반하는 일이라고 생각해요. 이럴 때는 상
식을 좀 발휘할 필요가 있습니다. 우리 전통에 속한 고전들을 계
속 읽는 이유, 다시 읽는 이유는 그것들이 계속해서 예상치 못한
새로운 통찰을 주기 때문입니다. 이 고전들은 어떤 시대에는 인

---

4 Farid ud-Din Attar, *The Conference of the Birds* (London: Penguin Classics, 1984)

종 차별, 계급 차별을 옹호하는 데 이용되었을지도 몰라요. 때로는 실제로 이용되기도 했고요. 오늘날 우리가 공유하지 않거나 심지어 거부하는 신념이나 전제를 드러낼 때도 있습니다. 그럼에도 불구하고 계속해서 통찰을 불러일으키고 사유를 풍성하게 하는 무언가를 담고 있지요. 우리는 우리 역사의 그늘을 인정하면서도 이를 받아들일 수 있습니다. 그리고 다른 문화, 다른 신앙, 다른 문헌들이 우리에게 주는 새로운 관점과 지적 자극을 인정하면서도, 그걸 인정한다고 해서 우리가 우리 고유의 문화 속에서 배워 온 것들을 전부 부정할 필요는 없음을 알아야 하지요.

저나지 맞습니다. 우리의 문화적 습관에 진지하게 의문을 제기할 필요가 있다고 봐요. 그리고 동시에 과거의 행위들을 부정하지 말고 그 책임을 받아들여야지요. 이렇게 하면 현재의 우리가 역사를 더 잘 이해할 수 있고, 창조적인 배움과 상상력의 가능성을 키울 수 있다고 생각합니다.

윌리엄스 그래서 '공감하는' 교육 철학이 절실하게 필요하지요. 충분히 안전한 환경에서 다른 세계에 머물러 볼 수 있는 기회를 갖는 것 말입니다. 물론 몇 가지 문제가 있습니다. 사람들은 자신이 충분히 안전한 환경에 있지 않다고 생각하면서 불안해합니다. 국가 정체성이라든가 영국의 가치에 대한 집착은 사람들이 자신이 누구인지, 자신이 어디에 있는지 알지 못한 채 비현실적이고 견고하지 않은 역사적 정체성과 자신을 동일시하는 데서 생겨나는 것처럼 보입니다. 정말로 견고한 문화적 환경에 속해 있다면 이렇게 말할 수 있겠지요. "좋습니다, 다른 곳으로 가서 얼마든지 경험해 보십시오, 온몸으로 느끼고 돌아와서 우리에게 알려 주세요." 저는 기술이나 과학 교육이 이루어지는 데는 전혀 불만이 없지만, 기술과 과학이 지닌 창조적이고 창의적인 면을 좀 더 알 필요가 있다고 생각합니다. 과학이 품고 있는 풍부한 상상력을 우리가 제대로 배울 수 있다면 얼마나 좋을까요. 창조적이면서도 아슬아슬한 그 요소들, 그 대담한 언어에 대해서요. 물리학과 우주론이 우리에게 알려 주는 놀라운 은유는 또 어떻고요.

저나지 정말 그렇습니다. 안전함, 안전하다고 느끼는 것, 신뢰, 이런 것들이 개인 영역에서나 공공 영역에서나 아주 중요하다고 생각해요. 몇 년 전에 호주 정치판에서는 모든 사람이 신뢰에 대해 이야기했습니다. 누구를 신뢰할 수 있냐, 어떤 정치인을 신뢰할 수 있냐는 질문을 던졌지요. 브렉시트 전후의 상황을 보더라도, 사람들은 서로 전혀 믿지 않는 것 같아요. 불확실성은 나쁜 게 아니지만, 거짓말이 쌓여 불확실성이 생기고 그것이 현실을 지배할 때 문제가 되지요. 확신하지 않는 것 자체가 나쁜 것은 당연히 아닌데, 거짓말이 쌓여서 확신하지 못하게 되고 이것이 그 자체로 현실이 되는 건 문제입니다.

윌리엄스 그러면 공공 영역에 대한 심각한 냉소와 배신감이 만연하게 됩니다. 제 아들이나 아들 친구들, 제 학생들도 종종 말합니다. 배신감과 모욕감을 느낀다고 말이지요. "자기들이 거짓말하는 걸 우리가 모를 줄 아나?" 이렇게요. 이 과정에서 가장 큰 피해를 입는 건 공공 영역에서 책임감 있게 활동하고 있는 사람들이지요.

저나지 그 부분에서는 진작부터 신뢰가 없었던 것 같기도 하고요. 요즘에는 상황이 더 악화된 것 같습니다. 일종의 신비주의랄까, 우리의 가치와 정체성에 관련된 상상력이 중요하다는 생각이 들어요. 우리 자신과 타인의 고유함을 받아들이고 동시에 공론장 안팎에서 안전하다고 느끼게 만들 방법이 필요합니다. 우리가 개인으로서 이런 것들을 이야기할 수도 있지만, 우리는 모두 사적 영역과 공적 영역에 걸쳐 있지요. 타인과 상호 작용하는 세계에 살기 때문에 우리는 모두 이 세계에 책임이 있습니다.

윌리엄스 이런 상호 작용은 우리가 순전히 만들어 내는 것이 아니기 때문에 그 과정에서 곤란해질 수도 있고 손해를 볼 수도 있습니다. 정치적 해법을 위한 지름길은 없습니다. 그렇다고 해도 신뢰를 회복하기 위해 우리가 할 수 있는 부분들이 있지요. 국제 교류를 통해서 우리가 할 수 있는 일도 있습니다. 제가 여전히 교회에 대한 믿음을 견지하는 이유 중 하나도 교회가 신뢰할 수 있는 기관 중 하나가 될 수 있기 때문입니다. 적어도 이상적인 차원에서 교회는 교회 자체의 이익을 위해 싸우는 기관이 아니니까요. 주도권을 잡기 위해 애쓰거나 누군가를 억압하거나 적대하지 않으면서도 여러 문화를 가로지르는 관계를 수립할 수 있지요. 서머셋, 요크셔 지역에 있는 교회 신자들이 잠비아라든가 탄자니아 같은 곳으로 2주 정도 봉사 활동을 가서 우물을 파고 조산사를 교육하는 등의 활동을 했다고 들은 적이 있습니다. 이런 활동들은 유엔 결의안만큼이나 중요한 활동이라고 생각해요. 이런 일들이 점점 더 많아져야 합니다. 물론 자주 제기되는 문제가 있지요. 자칫 우리가 자신을 '구원자'인 양 생각하게 될 위험이 있다는 점 말입니다. 하지만 경험상, 이런 활동에 참여하는 대다수 사람은 자신이 한 일에 도취되지 않습니다. 그보다는 자신이 얼마나 받았고 또 받고 있는지를 깊이 깨닫게 되지요. 이건 공감의 또 다른 측면입니다. 오늘날 이 말이 남용된다는 생각은 들지만 말이지요. 공감은 잠깐일지라도 낯선 이의 관점을 가져 보는 능력, 그렇게 함으로써 내가 변화할 수 있음을 아는 능력입니다.

저나지 공감empathy이라는 단어가 사용되는 방식들을 보면 가끔 염려스러워요. 종종 사람들은 이 말을 다른 사람의 자리에 머물러야 한다는 의미로 쓰는데, 이건 공감이 아닙니다. 어떻게 보면 공감 이상의 무언가라고 할 수 있지요. 누군가 고통을 겪고 있을 때 그 고통에 '공감'한다고 해서 그 고통을 실제로 체감할 수는 없지 않겠습니까? 상상력이 필요하지요.

윌리엄스　우리는 우리로 남아 있고 거기서 상상력이 나옵니다. 제가 요즘 사람들이 쓰는 '공감'에 의구심을 갖는 이유는 이 말이 '아, 나도 네가 어떤 기분인지 알겠어' 같은 감정적 반응만을 연상시키기 때문입니다.

저나지　맞습니다, 그런 태도는 여러 가지 문제를 낳지요.

윌리엄스　저는 가끔, 특히 사목 활동을 할 때 이런 이야기를 합니다. 우리가 다른 사람에게 할 수 있는 가장 좋은 말은 "아, 당신을 이해해요"가 아니라 "저는 당신을 이해하지 못합니다. 당신은 당신이고 저는 그것을 존중하기 때문입니다"가 아닐까 싶다고요.

저나지　이전에 주교님이 언급하신 책과 성품 이야기를 생각해 보면 "저는 당신을 이해하지 못합니다"가 대화를 여는 출발점이 아닐까 싶네요.

윌리엄스　"저는 이해하지 못합니다. 그러니 알려 주세요. 잠깐 시간을 내서 이야기를 나누어도 좋을까요?"라고 말하는 것이지요. 대화를 잘못 이끌어 가는 두 가지 방식이 있습니다. 하나는 "저는 이해하지 못합니다. 그러니 저리 가세요. 절 귀찮게 하지 마세요"라고 말하는 것이고, 다른 하나는 "저는 다 이해합니다. 그러니까 다른 데 가서 이야기하세요"라고 말하는 것이지요. 사실상 둘 다 같습니다. 둘 다 배우기를 거부하는 것이지요.

저나지　무언가를 배우기 위해서는 시간이 필요하다는 사실이 여기서도 중요하네요. 이건 정의를 실현하는 과정으로 볼 수도 있을 것 같은데요. 앞에서 이야기했듯 정의란 결국 우리 자신과 타인의 경험을 실제로 보고, 받아들이는 것이니까요.

윌리엄스　배움의 가치에 대한 이야기로 돌아왔군요.

저나지　기존에 배운 것을 잊는 과정에 대해서도요.

윌리엄스　재미있네요. 마침 오늘 아침 학교 선생님들과 그런 내용의 토론을 했거든요. 선생님들은 성인으로서 어린이들을 데리고 명상을 진행하다 보면 아이들을 통제해야 한다는 생각을 내려놓아야 한다고 이야기했습니다. 자신이 기존에 알고 있던 교육에 대한 관념을 잊어야 한다는 것이지요. 이건 상당히 어려운 일이고 모험입니다. 결코 작은 일이 아니지요.

저나지 맞아요. 권위를 내려놓고 어린이들을 존중하면 어린이들도 그걸 느끼지요. 그리고 이런 환경에서는 어른과 어린이 사이에 뜻밖의 무언가가 자라나요. 모험할 가치가 충분하다고 생각합니다.

윌리엄스 이 모든 것을 정의라는 주제와 묶어서 생각하면 좀 더 구체화되는 부분이 있는 것 같아요. 다른 사람을 '올바로 대한다'는 건, 그런 모험을 감수하는 것, 그런 시간을 기꺼이 내는 것이라 할 수 있습니다.

저나지 맞습니다. 모험을 감수하고 시간을 내는 것이지요. 같은 맥락에서 '민주적인 것'에 대해서도 생각해 보게 됩니다. 우리 사회가 더 민주적으로 변해야 하고 더 열린 의사 결정 과정이 필요하다는 점에 대해서요. 이런 것들을 정의와 연관 짓는다면 어떠한 논의가 가능할까요?

윌리엄스 우리가 '민주적'이라고 할 때 문제는 우리 스스로 '민주적'이라는 것이 대중 여론 그 이상을 의미하지 않는다고 가정한다는 데 있습니다. 그래서 사람들은 국민 투표 같은 제도가 민주적 자유를 표현하는 가장 분명한 방법이라고 생각하지요. '매개' 없이 이루어지는 의사 결정이니까요. 여기에는 '내'가 생각하고, '내'가 원하는 걸 말할 수 있으면 그걸로 충분하다는 생각이 깔려 있습니다. 문제는 보통 국민 투표를 할 때는 단순히 양자택일로 선택지가 제시된다는 것입니다. 어떻게 해서 그런 선택지가 나오게 되는지, 그리고 그중 하나로 결정된다면 이를 어떤 식으로 구현하고, 다른 선택지를 선택한 이들과 화합을 이룰지에 대해서는 거의 이야기하지 않습니다. 제 생각에 올바른 대의 민주제는 두 가지 기능을 합니다. 첫째, 우리의 지성을 충분히 발휘해 정치에 참여할 수 있게 합니다. 적어도 국민 투표보다는 훨씬 온전히 말이지요. 대의 민주제는 '지금 이 사람에게 투표해서 공적인 관계를 수립하시면 이 사람은 당신의 의사를 반영할 책임이 있습니다. 이건 아주 중요한 사실이지만, 책임을 진다는 말은 당신이 이 사람을 마음대로 통제할 수 있다는 뜻이 아닙니다. 이것도 아주 중요한 사실이지요. 이 사람에게 꾸준히 관심을 가지셔서 신뢰를 돈독히 하는 일은 당신에게 달렸습니다'라고 말하지요. 이건 대의 민주제에서 매우 중요한 측면입니다. 또 다른 기능은 다수의 횡포에 저항하는 것입니다. 올바른 대의 민주정에서는 모든 사람이 대표자를 가집니다. 모든 사람의 목소리를 공론장에서 들을 수 있어야 해요. 세계는 승자와 패자로 나뉘지 않습니다. 모든 목소리가 주목받을 권리를 가지고 있어요.

저나지 두려워하지 않으면서요.

윌리엄스 그렇지요. 두려워하지 않으면서. 지난주 투표가 끝나고 나서 "이게 영국의 뜻"이라고 말하는 사람들이 있었어요. 글쎄요. 패배한 48퍼센트에 속한 사람 중 한 명으로서 저는 그런 식의 표현이 마음에 들지 않았습니다. 그게 영국의 뜻이라기엔, 영국은 너무나 다른 두 가지를 거의 동일한 크기의 목소리로 외쳤기 때문입니다. 그리고 그게 바로 문제지요. 명백한 다수가 되었다고 해서 이야기는 끝나지 않습니다. 이 때문에 민주주의가 뜻하는 바가 무엇인지 우리는 숙고하고 또 숙고해야 합니다. 민주주의는 줄줄이 이어지는 질문에 투표로 '예, 아니오'를 고르기만 하면 되는 게 아닙니다. 우리가 공론장에서 다루어야 할 문제들은 대부분 매우 까다롭습니다. 사회는 복잡하고 관계는 다양합니다. 우리가 맞닥뜨린 현실은 우리에게 수많은 도전을 안깁니다. 그렇기에 믿을 만한 지성을 가진 사람들, 토론에 기꺼이 응하는 사람들, 진실한 사람들을 찾아서 대화를 이어 나가야 합니다.

이쯤에서 본회퍼 이야기를 다시 해 보면 좋을 것 같네요. 1930년대 말에 쓴 편지에서 그는 독일이 히틀러라는 위기를 극복한다면 앞으로 국민 투표 같은 건 절대 하지 말아야 할 것이라고 썼습니다. 히틀러는 국민 투표로 권력을 쥐었으니까요. 민주적 상상력의 뿌리부터 이상이 생겼기 때문에 민주적 선거조차도 옳은 일이 아닐지 모른다고, 정치 행위를 일시 중단하고 대의 민주제의 의미를 되찾는 기간을 가져야 한다고, 이게 비정상적으로 보이겠지만 꼭 필요한 일이라고 본회퍼는 말했습니다. 꽤 도

전적인 이야기지요.

저나지 오늘날 유럽과 미국에서 민주주의가 어떻게 이해되고 있는지, 그리고 민주주의라는 이름 아래 생기고 있는 문제들을 생각하면 정말 도전적인 이야기네요. 유럽과 그리스의 위기를 떠올려 보면 비민주적 의사 결정 과정이 많은 문제를 일으켰다는 느낌이 있었는데, 역설적이게도 영국은 '민주적 목소리'를 따랐지만 지적하신 것처럼 어느 모로 그리 좋지 않은 결과를 낳았지요. 이런저런 사례들을 종합해 볼 때 정의는 점점 더 왜곡되고 있는 것 같습니다.

윌리엄스 심하게 왜곡됐지요. 정의라는 게 정말로 모두를 위한 것이라면, 정치에서 흔히 말하는 승자-패자의 단순한 구도는 부당합니다. 정의를 이루기 위해서는 양자택일로는 충분하지 않아요. 다시 한번 강조하지만, 우리는 어떻게 해야 제대로 작동하는 대의 체계를 만들 수 있느냐는 문제와 마주하고 있습니다.

저나지 우리가 만날 때마다 세계 곳곳에서 심각한 사건이 일어난다는 게 신기할 지경입니다. 최근에 일어나고 있는 일들은 유례가 없다는 주교님의 말씀이 옳다고 생각해요. 저는 요즘 런던에 있는 친구 집에 머물고 있는데, 친구는 브렉시트의 정치적, 경제적 파급 효과가 거의 제2차 세계대전과 유사하다고 느끼더라고요. 사람들 사이의 관계가 틀어지고 관대함이 사라질까 염려가 됩니다.

윌리엄스　맞습니다. 관대함이 사라지고 있습니다. 브렉시트 전후로 오간 토론이 얼마나 날 선 것이었고 사람들에게 원한을 품게 했는지 수많은 사람이 지적했지만, 상황은 악화되고 있지요.

저나지　인종주의와 관계된 문제들도 수면 위로 올라왔고요.

윌리엄스　국민 투표는 인종과 외국인 문제를 둘러싼 모든 불안을 고조시키고 끌어모았습니다. 사실 이런 문제들은 영국이 유럽 연합을 탈퇴하는 문제와는 별 관계도 없는데 말이에요. 그 결과 국민 투표는 수많은 문제의 대체물이 되었습니다.

저나지　맞아요. 사람들이 짐작도 못한 온갖 문제들의 대체물이 되었지요.

윌리엄스　몇 주 전 「뉴 스테이츠먼」에 기고하면서 제가 예로 든 건 사우스 웨일스 지역 제철소들이 문을 닫았다는 소식이었어요. 그 사건은 인도의 다국적 복합 기업인 타타가 내린 결정에 따른 것이었고 유럽과는 관계가 없었습니다. 하지만 이 사건은 사우스 웨일스 산업 지대의 수많은 사람이 오랫동안 생계에 대한 통제력을 상실한 채 살아왔다는 사실과 무관하지 않습니다. 그러니까 많은 사람은 자신들이 통제력을 잃었다는 사실에 깊은 상처를 입었고, 최근의 사태들로 감정의 골이 깊어지면서 유럽연합을 탈퇴한다는 데 표를 던진 거지요. 하지만 사람들의 통제력을 빼앗은 건 유럽이 아니라 세계 경제였습니다. 브렉시트를 택함으로써 세계 경제의 뒤엉킨 구조를 바로잡겠다고 하면 할 이야기가 아주 많겠습니다만, 적절한 길은 아닌 것 같아요.

저나지 적절한 길이 아니지요. 이쯤에서 우리 정신과 영혼의 관대함이라는 문제를 다시 다루고 싶습니다. 관대함이 개인의 영역과 공공 영역에서 실질적으로 이루어지려면 어떻게 해야 할까요? 주교님이 말씀하셨던 의미의 자선이 정의를 실현하는 과정의 일부인지도, 그 과정에서 기존의 문화적 습관을 잊기 위해 필요한 시간은 어느 정도인지도 궁금합니다. 최근에 에마뉘엘 레비나스가 쓴 글에서 흥미로운 내용을 읽었습니다. 대략 이런 내용이었어요. "윤리와 국가는 조화를 이룰 수 있다. 정의로운 국가는 정의로운 남녀와 성인들로 이루어지며, 선전과 설교로 만들어지지 않는다. … 정의가 없다면 자선은 불가능하고, 자선이 없다면 정의는 뒤틀린다."[5]

---

5 Emmanuel Levinas, *Entre Nous: Thinking-of-the-other* (London and New York: Continuum), 103-4. 『우리 사이』(그린비)

윌리엄스 핵심 연결 고리는 시몬 베유가 '관심', 혹은 '주시'라고 부른 것에서 찾을 수 있지요. 정의와 사랑은 지금 우리 앞에 있는 것에 지속적으로 관심을 기울이는 데 달려 있습니다. 우리 자신의 선입관이나 편견, 두려움, 선호 같은 걸 전부 내려놓고 분명하게 보려 노력하는 것이지요. 관대함이라는 건 가슴 따뜻한 감정이 흘러넘쳐서 생겨나는 게 아니라, 인내심을 가지고 보고 듣는 데서 시작됩니다. 그래서 사랑은 관조를 필요로 합니다. 그리스도교 전통은 물론이고 불교 전통에서도 연민은 '무정념'dispassion에서 나온다고 강조합니다. 이때 '무정념'은 쌀쌀맞은 무심함이 아니라, 우리가 다른 사람을 볼 때 들끓게 되는 욕망으로부터 자유로운 상태를 뜻합니다. 사회 정의가 오래도록 지속되려면 이런 습관이 뿌리를 내려야 합니다, 단언컨대 법률 몇 개 통과되는 걸로는 부족해요. 사람들이 사유의 바탕으로 삼는 문화적 습관을 풍요롭게 만들지 않고 법으로 행동을 바꾸려고 하면 결국 억울함과 실패만 남습니다. 그러므로 미래를 위한 교육의 최우선 목표는 정서를 가르치는 것이어야 합니다.

제5장

증언하기

2017년 1월

저나지 오늘은 가수 레너드 코언Leonard Cohen의 노래 가사를 인용하면서 대화를 시작해 볼까 합니다. 그는 오늘날 세계의 상황에 대해 숙고하면서 읊조립니다.

우리는 부서졌고, 이제 경계선에 있다네.

현재 우리의 정치 상황에 잘 들어맞는 표현 같습니다. 아주 흥미로운 시대지요. 부서져 버린, 하지만 매우 중요한 단계를 지나고 있는 시대랄까요.

윌리엄스 최근 몇 년 동안 세상은 거꾸로 가고 있다는 느낌이 듭니다. 희망이 점점 희미해지는 것 같아요. 우리가 다양한 문제에 대응해 공동 행동을 취할 수 있을 거라는 희망, 난민 문제에 대해 공감할 만한 해결책을 찾을 거라는 희망 말이지요. 기후 위기는 말할 것도 없고요. 각자의 지형에서 사람들이 이렇게 외치고 있는 것 같습니다. "그건 현실적이지 않아. 우리가 할 수 있는 일이라고는 각자도생하면서 행운을 비는 수밖에 없어." 오늘날 세계의 주요한 위기는 서로 맞물려 있습니다. 하지만 이 사실을 사람들은 보지 못하고 있지요. 이 점이 저는 가장 우려됩니다. 이를테면 환경 위기는 정치의 불안과도 연결되어 있습니다. 현재 중동의 정치 상황은 환경과 기후 문제가 물 부족이라는 형태로 나타나면서 형성된 부분도 있거든요. 아프리카의 몇몇 국가들에서도 환경 문제는 정치 문제와 연결되어 있습니다. 전통적인 목축과 경작 생활이 위협받으면서 정치 불안을 낳고 있지요. 남수단처럼 대량의 인구 이동을 불러오는 폭력은 환경 문제를 심화하는 악순환을 야기합니다. 위기는 지도를 읽지 않습니다. 어느 나라 국경에서 멈추지 않지요.

이 문제들을 한데 모아 놓고 논의할 기회가 여러 번 있었습니다, 지금도 사용 가능한 수단이 있고요. 우리는 반드시 가용한 모든 수단을 활용해야 합니다. 파리 기후 협정(기후변화에 관한 국제연합 기본협약 파리 협정)은 올바른 방향으로 나아가는 걸음이었던 것 같아요. 불만족스러운 것들도 많았지만요. (지금은 잘 기억도 나지 않습니다만) 이민자와 난민 문제를 해결하기 위해 유럽 각국이 몇 가지 합의된 사항에 따라 이런저런 노력을 기울였던 때도 잠시나마 있었습니다. 그런데 이제 대부분 포기해 버린 것 같아요. 하지만 우리가 마주한 상황은 "그래, 그냥 각자 국가 안에서 안보에만 신경 쓰자"라고 말할 수 없는 상황입니다. 아까도 말했듯 거대한 문제들은 국민 국가의 국경에 아랑곳하지 않습니다. 국민 국가 자체가 세계화된 경제 때문에 이미 허약해지기도 했고요.

저나지 저도 그 부분이 오늘날 가장 어려운 문제라고 생각합니다. '희망을 잃어 가는' 현상 말이지요. 제가 보기에 우리는 부정적인 방식으로, 아니면 뭐랄까, 잘못된 방식으로 희망에 대해 생각합니다. 작은 구조적 문제에 주목하기보다는 거대한 구조를 바꿀 희망을 찾곤 하지요. 이런 맥락에서 주교님께 질문을 드리자면, 국가 차원에서, 혹은 지역 차원에서 전 지구적 문제에 영향을 미치려면 어떻게 해야 할까요? 아이러니하게도 국민 국가 체제가 저물어가는 동시에 새로운 종류의 국가 세우기, 새로운 민족주의가 힘을 얻고 있는 상황에서 경계를 허물고 더 지속 가능한 희망, 더 현실적인 희망을 만들어 내려면 어떻게 해야 할까요?

윌리엄스 안타깝지만, 전 세계적 문제에 대한 전 세계의 노력 같은 건 기대하기 어려운 시절이 되었는지도 모르겠습니다. 이제 일종의 전 지구적 증언을 기대할 수 있을 뿐이지요. 다양한 상황에 놓인 사람들의 증언을 전 지구적으로 연결해서, 지금까지와는 다른 관계가 여전히 가능하다는 사실을 보여 주는 것 말입니다. 이 지점에서 종교 기관과 공동체가 중요한 역할을 할 수 있습니다. 교육 기관들도 마찬가지고요. 물론 말씀하셨듯 젊은 세대가 폐쇄적이고 자족적인 국가 정체성을 어떻게 생각하고 있는지도 고민해 보아야겠지요.

저나지 청년들은 국가 간 경계를 넘나들기가 쉽지 않다는 걸 이해하지 못하지요. 이 말씀을 하시려던 게 맞나요?

윌리엄스 네, 맞습니다. 젊은 세대가 당연시하는 외국 여행의 수준과 범위가 어느 정도인지 보세요. 제 자녀들 세대만 봐도 그렇습니다. 그들은 지구 어디든 돌아다닐 자유가 있다고 당연히 전제하는데, 우리 세대는 그렇지 않았거든요. 소수의 특권층을 제외하면요. 그래서 젊은 세대가 브렉시트를 이해하지 못하는 것 같기도 합니다. 다수 청년은 브렉시트에 대해서 엄청난 도덕적 분노를 느끼거나, 그러지 않더라도 곤혹스러워하지요. 당연한 권리라고 생각해 온 걸 박탈당했으니 말입니다. 그래서 이제 자신들에게 남은 건 다른 누군가가 규정한 국민이라는 소속감과 국제 관계의 가능성뿐이라고 생각하지요.

소규모 정치 행위의 중요성에 대해서도 많은 논의가 필요합니다. 저도 지난 몇 달 동안 이 주제로 글을 좀 썼지요. 지역의 정치, 지역의 도전에 대해 신중하고도 도덕적으로, 전략적으로 사고해서 지역의 사람들이 통제력을 되찾았다고 느끼게 하려면 어떻게 해야 할까요? '포퓰리즘'은 통제력을 잃어버렸다는 느낌으로부터 원동력을 얻기 때문에, 사람들에게 사태를 변화시킬 힘을 주는 것처럼 보이는 운동은 호의적인 반응을 얻을 겁니다. 그렇다면 중요한 문제는 우리에게 정말로 주변에 영향을 미칠 자유를 주는 무언가와 그러는 것처럼 보일 뿐인 무언가, 해방과 통제력이라는 수사를 내세우지만 저변에 놓인 권력 구조를 바꾸지는 않는 것들을 구별하는 것이겠지요.

저나지 증언에 대해서 말씀하신 부분과 관련지어 보면 흥미로운 데요. 사람들에게 통제력을 돌려주는 것과 관련해 다른 종류의 관계들을 끌어낼 수 있는 증언은 어떻게 작동할까요? 그리고 이 때 우리는 어떤 태도를 지녀야 한다고 생각하세요?

윌리엄스 프랑스 칼레 난민촌에 있던 어린이들이 처음 영국에 도착했을 때 저는 상당히 인상 깊은 경험을 했습니다. 각 지역 교회의 신자들이 거리로 몰려나와 '환영합니다' 같은 말이 적힌 플래카드들을 들고 있었지요. "높으신 분들 가식 떠는 것도, 복잡한 정책도, 숫자가 주는 불안도 우리는 잘 모른다. 우리는 그저 당신, 지금 이 순간 어려움에 처한 당신을 환영한다는 사실만 알아 달라." 이렇게 말하는 셈이었지요. 거시적 차원의 정책 문제를 해결하지는 못했지만, 예상치 못한 너그러움이 무엇인지를 보여 주었습니다.

저나지　인간애를 보여 줬네요.

윌리엄스　다른 많은 사실을 보아도 알 수 있지만, 이 사례에서 우리는 이런 결론을 내릴 수 있을 것 같아요. 어려움에 처한 인간, 궁핍에 처한 인간을 가까이서 마주한다면 대다수 사람은 본능적으로 마음을 열고 그들에게 반응한다는 것이지요.

저나지　저도 지난 몇 년 동안 그런 사례들을 많이 보았습니다. 누군가가 길에서 쓰러지면 사람들이 어떻게 반응하는지도요. 최근 바르셀로나에 있을 때, 어떤 젊은 사람이 자살하려고 마음먹고 건물에서 뛰어내렸어요. 그러니 사람들이 몰려와서 그 사람을 돕더라고요. 물론 일 자체는 끔찍한 일이었고, '구경꾼'들도 있었지만, 진심에서 우러나온 반응이 더 많았습니다. '가까이 있는 누군가'가 위험에 처했음을 즉각적으로 느꼈기 때문일까요.

윌리엄스　맞습니다. 우익 언론을 통해 이민자들에 관한 정보를 얻은 사람이라면 이민자가 매우 위협적이고 두려운 존재라는 상을 갖고 있을 겁니다. 하지만 실제로 각 지역에서 사람들이 이민자들을 직접 보고 만났을 때 보여 준 태도를 본다면 꽤 놀라워할 거라고 봐요.

캔터베리 대주교 시절 이민자들이 강제 추방을 당하기 전에 머무르는 도버 구금소에서 구금자들을 돕는 분들과 이야기할 기회가 있었습니다. 어떤 봉사자분들은 지역 학교들에서 이민자 문제에 대해 특강을 하면서 젊은 친구들에게 이렇게 물었다고 해요. '이민 문제라는 게 구체적으로 어떤 문제인 것 같습니까? 이민자들은 어떤 사람들이라고 생각합니까? 이민의 규모가 어느 정도라고 생각합니까? 구체적인 수치를 알고 있습니까?' 이렇게 질문을 던지며 그분들은 이민자들도 진짜 피와 살로 이루어진 인간, 우리가 직접 만나 볼 수 있는 인간이라는 사실을 되새기며 생각해 보기를 요청했다고 합니다. 그리고 이게 인식의 변화를 끌어냈고요.

어떻게 보면 이는 전자 기기를 통한 의사소통, 소셜 미디어, 기타 등등을 둘러싼 역설과도 관련이 있습니다. 한편으로 의사소통 수단은 놀라울 정도로 발전했고 덕분에 우리는 국경과 문화를 가로질러 소통할 수 있게 되었습니다. 하지만 동시에 우리는 누군가 말했듯 "진실이 신발을 신을 동안 거짓은 지구 반 바퀴를 돈다"는 걸 압니다. 얼굴을 맞대고 신뢰할 수 있을 만한 사람과 접촉하지 않으면, 우리는 우리 입맛에 맞는 선전 선동과 이야기에 매몰되어 폐쇄적 자아라는 감옥을 벗어날 수 없게 됩니다.

저나지　저는 요즘 음악과 이민에 관한 다큐멘터리를 작업하면서 가까움에 대한 감각을 키우기 위해서는 어떻게 해야 하는지 생각해 보았습니다.[1] 세대를 가로지르는 난민, 이민자들과 다른 사람들의 거리를 음악을 통해 메워 보려고 하고 있지요. 강제 이주를 경험한 사람들과 함께 있다 보면 슬퍼져요. 그건 정말 슬프고 생생한 현실이지요. 하지만 그걸 이해하는 우리는 그 현실과 동떨어져 있습니다. 누군가를 위해 증언을 하기 위해서는 그 사람과 상황에 대한 존중이 필요한 것 같아요. 하지만 어떻게 그 사람과 그 사람을 바라보는 우리 사이의 거리와 간극을 채울 수 있을까요? 말하자면, 다른 사람에 대한 '증언'은 어떻게 가능할까요?

윌리엄스　존중은 참 좋은 말입니다. 하지만 그 전에 좀 더 기본적인, 그리고 좀 더 평범한, 이를테면 타인을 향한 '상냥한 호기심'이 필요하다고 봅니다. '존중'이라는 말은 꽤 무게가 있는 말이니까요. '상냥한 호기심'은 타인을 알고 싶다는 단순한 의지를 뜻합니다. 물론 이런 호기심이 일어나려면 충분히 안전한 환경이 조성되어 있어야겠지요. 이런 호기심은 가지라고 강요할 수 없습니다. 공격하거나 괴롭혀서는 더더욱 일어날 수 없지요. 그러한 면에서 브렉시트 지지자들이나 트럼프 지지자들을 공격하

1　Mary Zournazi(dir.), *My Rembetika Blues* (Sydney: JOTZ productions, 2020)

고 경멸하는 건 안타까운 일입니다. 그렇게 해서는 아무런 변화도 일어나지 않지요. 물론 브렉시트 반대자와 트럼프 반대자들이 이들의 이야기를 들어 보면 그들의 견해가 잘못되었다고 생각할 겁니다. 하지만 그들은 바보가 아니고 악당도 아닙니다. 그들이 내린 판단에 강력하게 반대하더라도, 앞으로 나아가려면 그들에게도 나름의 이유가 있다고 가정해야 합니다. 그들도 이 사안에 대해서 충분히 생각하고 느꼈다고 믿어야 하고, 왜 그렇게 생각하고 느끼게 되었는지 우리에게 해 줄 이야기가 있으리라 생각해야 하지요. 그들도 앞으로 나아가게 해야 한다면, 그들의 생각과 느낌을 더 진지하게 다룰 필요가 있습니다.

저나지 상냥한 호기심은 양쪽으로 작용하는 거군요.

윌리엄스 그렇지요. 그러지 않으면 '그들'이 '우리'에게 관심을 두겠어요?

저나지 서로를 이해하는 가능성의 공간을 연다고 보면 되겠네요.

윌리엄스 그러기를 바라지요. 그러면 무엇보다 이렇게 물어야 합니다. '우리 사회의 어디에 그런 공간이 있을까? 우리의 교육 체계가, 중등 교육뿐만 아니라 고등 교육 과정에서도 그런 공간을 어느 정도나 마련해 줄까?' 최근 영국 총선 기간에, 주요 정당의 후보자들을 모두 초청해 시민들이 질문하고 토론할 기회를 마련한 기관은 교회를 비롯한 종교 단체들뿐이었습니다. '그런 자리를 어떻게 마련하고 어떻게 운영할 것인가?' 이건 정말 중요한 문제입니다.

지난주에 지역에 있는 교도소에 방문해 몇 시간 동안 여러 사람과 이야기를 나눌 기회가 있었어요. 좋은 삶이라든가 훌륭한 사회 같은 꽤 광범위한 주제를 두고 생각을 나누었지요. 교도소에 와서야 사람들이 툭 터놓고, 서로 동의하지 않는 부분에도 귀 기울이면서 이런 이야기를 나누다니 여러 생각이 들었습니다. 사실 우려스러운 일이지요.

저나지 구체적으로 어떤 이야기를 나누셨는지요?

윌리엄스 우리가 이야기했던 브렉시트나 트럼프가 주된 주제였지요. 사람들은 각기 나름대로 이 나라에서 사법 체계가 어떻게 작동하는지에 관해 견해를 갖고 있었습니다. 중요한 건 모두가 허심탄회하게 이야기를 나누고 의견을 주고받을 수 있었다는 것이지요. 누구도 자리를 박차고 일어나 버리지 않았습니다.

저나지 맞습니다. 골치 아픈 상황을 피하지 않고 대면하는 게 중요하지요.

윌리엄스　저에게는 일종의 모범 사례로 보였습니다. 이런 토론을 하기 위해 감옥까지 가야 한다면, 우리는 우리의 사회 구조에 관한 생각을 나눌 공간, 생각의 여백을 마련할 공간을 충분히 가지고 있지 못한 거지요.

저나지　예전에도 언급한 적이 있는 것 같은데, 오늘날 우리는 책임, 용서, 자비에 대해서 더 많이 이야기해야 할 것 같습니다.

윌리엄스　맞습니다. 요즘 일부 문화와 공공 담론에는 병리적인 측면이 있습니다. 어떤 집단이 과거에 저지른 실패나 잘못을 인정하면 뭐랄까, 파산하기라도 하는 것처럼 생각하지요. 그래서 아무것도 인정하지 않고요. 전 대통령이 부패한 정치인이었고 폭력 범죄자였다거나, 몇십 년 전 정부가 대량 학살에 연루되었다거나 하는 사실을 인정하지 못하는 것이 그 대표적인 예입니다. 결코 체면이 손상되어서는 안 되는, 명예에 집착하는 사회에 사는 것처럼 집단 전체가 행동한다는 뜻인데, 너무나 기이하고 골치가 아픈 일입니다. 발칸 반도를 보세요. 발칸에 사는 모든 집단은 다른 집단에 적어도 한 번은 끔찍한 짓을 저질렀습니다. 피해자이기만 한 집단은 없어요. 가해자이기만 한 집단도 없고요. 이제 사람들은 말할 수 있어야 합니다. "나는 이때는 피해자였지만 저 때는 가해자였습니다. 우리는 여기서는 피해자였지만 저기서는 가해자였습니다"라고 말이지요. 이게 역사를 보았을 때 진실입니다. 우리가 피해자, 혹은 가해자에 갇히지 않기로 결단한다면 상황이 어떻게 달라질지 생각해 보아야 합니다. 물론 이건 무척이나 어려운 일입니다. 그리고 이곳저곳에서 민족주의를 내세우고 그러한 수사를 남발하면서 상황은 더 어려워지고 있지요.

저나지 맞습니다. 그렇다면 내가 피해자이면서 가해자임을 받아들이려면 어떻게 해야 할까요? 달리 말하면, 나의 실수를 인정하고 다른 집단이나 다른 사람을 비난하지 않으려면 어떻게 해야 할까요?

윌리엄스 뻔한 말이지만, 그건 우리가 개인으로서 성장하는 과정과 비슷한 측면이 있어요. 성장 과정에서 다른 사람들은 우리에게 정말로 잘못을 저지릅니다. 그리고 그러한 측면에서 우리 대부분은 피해자입니다. 그리고 우리도 의식적으로든 무의식적으로든 다른 사람들에게 해를 입히고 잘못을 저지릅니다. 이 두 가지 사실 중에 하나라도 부정하는 건 아주 위험한 일입니다. 우리가 피해자라는 사실을 부정하면, 우리가 어떻게 지금의 모습과 같은 인간이 되었는지 이해하는 도구가 사라지죠. 죄책감이 우리 안으로 흡수되어 버려요. 학대와 폭력이라는 비극적인 짐을 우리가 떠안아야 하고, 그 폭력을 내면화하면서 우리는 우리 자신을 파괴합니다. 도덕적으로나 감정적으로나 붕괴해 버리죠.

무언가를 폭력적으로 박탈당하고도 이걸 부정하거나 억누르면서 살아온 사람들이 어떻게 사는지 보면 잘 알 수 있습니다.

마찬가지로, 우리가 다른 사람들에게 해를 입혔을 수도 있다는 사실을 받아들이지 않으면, 그 폭력을 내면화하는 것이 아니라 밖으로 끊임없이 쏟아 내게 됩니다. 다른 사람들이 그걸 짊어지게 되고, 사는 동안 내내 번번이 사람들과 충돌하게 되겠지요. '이렇게 된 데에 내가 어떤 역할을 하지는 않았을까?'라고 묻는 일은 절대 없을 거고요.

균형을 잡으면서 어엿한 개인으로 성장하려면 나의 실패와 고통, 상실을 마주하되 자기혐오에 빠지지는 않아야 합니다. 정말 평생에 걸친 과업이지요. 개인이 행복하기 위해서는 이게 핵심이라는 걸 모두가 잘 압니다. 하지만 한 사회가 행복하기 위해서도 이게 중요하다는 점은 종종 잊어버리지요.

저나지 맞습니다. 사회라는 차원에서도 생각할 수 있어야 하는데요.

윌리엄스 우리 문화 자체가 미심쩍은 것들을 높이 평가하고 역사에서 애매한 측면들을 찬양하는 경향이 있다 보니 그게 쉽지가 않습니다. 대영 제국의 역사에 대한 논쟁처럼 케케묵은 것들만 봐도 그렇습니다. 제1차 세계대전 이전까지만 해도 영국 사람들은 제국주의에 대해 끔찍할 정도로 무비판적이었습니다.

하지만 이후에는 광신적일 정도로 제국에 대해 적대감을 보이지요. 어느 지점에서 우리는 이렇게 말할 필요가 있습니다. "그래, 우리는 이상주의와 신화, 이기심과 폭력이 기이하게 뒤섞인 일들을 했어. 그리고 때로는 정말 끔찍한 일들을 저질렀지. 물론 전적으로 이기적이고 냉소적인 일들만 한 건 아니었어. 그렇다고 흠잡을 데 없는 보편적 인류애에서 나온 행동도 전혀 아니었지."

저나지 맞습니다. 식민주의 문제와 관련해 꼭 필요한 관점이지요. 어느 정도 현실에 입각해야 하고, 동시에 어느 정도 과거를 이해해야 하지요. 과거에 반대만 할 게 아니라요.

윌리엄스 역사를 바라볼 때 도덕적 판단을 내리는 건 합당한 일입니다. 하지만 우리 자신을 두고 판단을 내릴 때와 마찬가지로 공황 상태에 빠져 단순함이라는 덫에 걸리면 안 됩니다.

저나지 예전에 주교님이 쓰신 『심판대에 선 그리스도』Christ on Trial라는 책이 떠오르네요. 최근에 출간하신 『비극적 상상력』The Tragic Imagination도 생각나고요.[2] 그 책들에서 주교님은 현재의 우리가

---

2 Rowan Williams, *Christ on Trial: How the Gospel Unsettles Our Judgment* (Grand Rapids and Cambridge: Eerdmans, 2000) 『심판대에 선 그리스도』(비아) Rowan Williams, *The Tragic Imagination: The Literary Agenda* (Oxford: Oxford University Press, 2016)

과거와 어떤 식으로 관계를 맺는지, 우리 자신을 어떻게 보아야 하는지, 우리에게 필요한 상상력이 무엇인지를 말씀하셨지요. 우리가 과거에 대해 정직하게 사유하고 이해할 수 있다면 자비, 용서의 가능성이 생기겠지요. 이 가능성을 통해 시간을 새롭게 경험하고 균형 잡힌 이해 또한 가능하겠고요.

윌리엄스 맞습니다. 자비와 연관된다고 보신 것도 정확해요. 내가 모든 면에서 죄가 있다면, 틀렸다면, 여기에 대해서 뭐라고 말할 수 있을까요? 그리고 내가 완전히 결백한 피해자라면, 그러면 또 뭐라고 말할 수 있을까요? 이런 부분을 두고 함께 이야기함으로써 우리는 함께 성장합니다. 근래 비트겐슈타인 Wittgenstein이 쓴 글을 좀 읽었습니다. 1940년대에 쓴 글 같은데 이런 문장이 있었지요.

그 누구도 미치지 않고서야 '나는 나를 혐오한다'라고 말할 수 없다.

'나는 나를 혐오한다'라고 말하는 유일한 방법은, 문장 끝에 '그리고'를 붙이는 것입니다.

그리고, 이에 관해 내가 뭔가 해야 할 때다. 이에 관해 생각하고, 고

민해야 할 때다.[3]

저나지 좀 더 자세히 말씀해 주실 수 있을까요?

윌리엄스 '그 누구도 자기 자신에 대해 나는 쓰레기라고 말할 수 없다.' 이게 비트겐슈타인의 본래 의도에 더 가까운 표현일 겁니다. 진심으로 자기 자신을 쓰레기로 여긴다면 그건 정신 질환의 징후일 겁니다. 하지만 그렇지 않다면 그 말은 우리가 숙고하고 행동하는 바탕이 되는 어떤 감정을 표현한 것이겠지요. 이 말을 하고 가만히 앉아 있기만 할 수는 없어요.

저나지 그 감정을 사유하고 경험하면서 검토하지 않으면 그 말은 망상에 가깝다는 말씀이시군요.

윌리엄스 감정을 찬찬히 살펴보면서, 그걸 어떻게 표현해야 할지, 어떻게 사유해야 할지, 그 감정의 자리가 어디인지 스스로 물어야 하지요. 자기 비하는 자기는 아무것도 용서받을 필요가 없다고 주장하는, 자신에 대한 전적으로 무비판적인 태도만큼이나 해롭습니다.

---

3 Ludwig Wittgenstein, 'Ethics, Life and Faith', *The Wittgenstein Reader* (Malden: Blackwell, 2006), 261.

저나지 그건 말로 표현하는 것, 발언하는 것과도 관련이 있는 것 같습니다. 우리가 무언가에 대해 말할 수 있고, 생각할 수 있다는 것, 생각한다는 건 눈앞의 문제를 두고 고심한다는 의미겠지요. 그러지 않고 문제를 부정해 버리면 어떤 면에서는 말할 수조차 없으니까요. 그런데 주교님, 자비는 어떻게 생겨나는 걸까요? 자신이 문제와 연관되어 있음을 알지 못하는 경우에는 어떤가요?

윌리엄스 결국 우리 가까운 곳 어딘가에 믿을 만한 사람이 있는가 하는 점을 물어야 할 것 같아요. 신뢰의 문제로 이야기가 돌아왔네요. 지난 수십 년 동안 사회와 제도에 대한 신뢰가 손상되는 문제를 두고 정말 많은 논의가 오갔는데 이 신뢰가 핵심이라고 저는 생각합니다. 신뢰할 만한 상대와 동료가 주변에 없다면 우리는 사실상 감옥에서 살아가는 것과 다름없겠지요.

저나지 다른 가능성을 증언하고 관계를 맺는 이야기로 돌아가 보면, 앞서 주교님이 난민들에게 "환영합니다" 하고 말한 이들의 예를 드셨잖아요. 이런 순간이 일어나느냐 마느냐에 따라 한 사람이 성숙해질 수도 있고 망가질 수도 있는 것 같습니다. 오래전에 발칸 반도에서 전쟁이 한창일 때, 난민들이 전 세계 곳곳으로 퍼져 호주의 태즈메이니아까지 왔던 걸 기억합니다. 버스를 타고 왔는데 사람들은 버스에서 쉽게 내리지 못했습니다. 충분히 이해가 되었어요. 그 사람들은 자신의 의향과 무관하게 지구 반대편에 오게 되었으니까요. 그런데 이런 모습을 두고 사람들은 난민들이 감사할 줄 모른다고 비난했습니다. 하지만 그들은 자신들이 안전하다는 느낌을 받지 못했고, 환영받는다는 느낌도 받지 못했습니다. 당시 호주 사람들 대부분은 난민들이 오면 삶이 위태로워진다고 믿었습니다. 그래서 아주 기본적인 환대조차 하지 못했지요.

윌리엄스   이런 문제들을 생각하다 보면, 이제 우리도 가족이란 무엇인지 더 깊게 생각해 볼 때가 된 것 같아요. 이게 참 묘한 관계거든요.

저나지   정말 그렇습니다. 가족이라는 관계는 참으로 독특하니까요.

윌리엄스   요즘에는 '가족'이라는 말 자체가 논쟁적인 것 같습니다. 적잖은 사람들은 이 말만 들어도 불편함을 느끼지요. 그래서 가족이라는 관계가 어떤 면에서 중요한지는 간과하곤 합니다. 가족은 재협상이 불가능한 모든 인간관계의 한 표지이자 신호입니다. 증언이라 해도 좋겠지요. 가족은 그냥 원래 그렇게 있습니다. 특정 장소에서 우리를 가르치고 지지하고 길러내지요. 아이가 태어나는 일을 생각해 보세요, 우리 한가운데에 낯선 사람이 나타나는데 우리는 그를 무조건 환대하고 키워야 하는 겁니다. 이는 인간 유대의 아주 기초적인 부분을 보여 준다고 저는 생각합니다.

저나지 예수도 그렇게 하지 않았습니까? 낯선 사람을 초대하고 다름을 환대했잖아요. 이렇게 낯선 이들을 환대하면서 우리는 그들과 유대를 쌓아야 하고, 그들과 함께 있으면서, 그들에게 배워야 하지요. 아이들과 함께 있다 보면 종종 겪는 일이잖아요. '아니, 도대체 이게 뭐야?'라는 생각이 들 때도 있고요.

윌리엄스 맞습니다. 우리가 그런 걸 언제나 잘 해내는 건 아니지만, 뭘 어떻게 해야 할지 어느 정도는 알고 있지요. 아마 이런 점들 때문에, 출생이나 양육 과정이 가족이라는 관계로부터 완전히 분리될 가능성에 대해서 이야기할 때 우리가 움찔하게 되는 거겠지요. 그 과정이 너무 기계화되거나 '기술화'되는 것에 불편함을 느끼는 이유도 그런 것 때문일 거예요. 이 불편함을 유심히 들여다볼 필요가 있습니다. 계몽되지 않은 편견으로 치부해선 안 되겠지요. 체외 수정에 반대한다는 말이 아닙니다. 하지만 대다수 사람은 모든 아기를 시험관에서 수정시켜야 하고 국가에서 운영하는 보육원에서 길러야 한다는 이야기를 접하면 경계심을 느낍니다. 어떤 친밀한 관계를 통해 아이가 생긴다는 것은 그 관계에 속한 이들이 '우리는 우리의 관계가 다른 존재를 포용할 만큼 충분히 성숙했다고 믿습니다. 우리는 우리의 관계가 다른 존재를 양육하는 관계로 변모할 수 있음을 믿습니다'라고 표명한다는 것과 다름없다고 저는 생각합니다. 입양도 마찬가지고요. 이건 매우 비범한 신뢰의 행동입니다. 인류가 매일 같이, 우리가 아는 한 모든 문화권에서 일상적으로 해 온 신뢰의 행위이기도 하지요. 인간에 대한 우리의 사유 한복판에 새롭고 낯선 존재를 향한 신뢰의 행위가 있다는 이 특별한 사실은 우리가 정체성과 낯섦의 문제를 어떻게 다루어야 하는지 말해 줍니다. 사람들 간의 친밀감, 우리가 공유하는 정체성, 아주 강력한 공동의 헌신을 바탕으로 신뢰하고 환대를 지향해야 한다는 것 말이지요.

저나지 이 논의를 좀 더 확장하면, 결국 우리에게 필요한 건 유대, 신뢰하고 믿을 수 있는 유대라는 생각이 듭니다. 민족이나 국가 때문에 낯선 이를 환영할 수 없게 되면, 또 서로를 인식하고 받아들일 수 있는 공간에 머무르는 능력을 상실하게 되면 커다란 문제가 발생하는 것 같아요.

윌리엄스 우리 자신이 누군지 모르면 본능적으로 환대를 꺼리게 되어 있습니다. 다른 사람들의 사랑 덕분에, 혹은 어떤 공동체의 풍요로운 유대감 덕분에 우리가 안전을 누리고 있음을 깨닫지 못할 때, 혹은 둘의 결여로 인해 안전하지 못한 상황에 놓일 때도 신뢰는 형성되지 못합니다.

저나지 결국, 존중과 관련된 물음이 다시 제기되는 것 같습니다. 관계 속에서 안전함을 느끼게 해 주는, 가늠할 수 없는 방식의 사랑에 대해서도 생각해 보게 되고요. 신을 믿는다면 종교가 그 사랑의 매개가 될 수 있겠지요. 다른 신앙을 향한 무례함 때문에 생기는 긴장과 충돌에 대해서도 생각해 보게 되네요. 이것도 어떤 면에서는 사랑과 관계가 있지요. 사랑은 우리로 하여금 혈연이라는 관념을 넘어서게 하고, 가족이라는 관념을 확장하게 하고, 우리를 풍요롭게 하는 힘이 있습니다.

윌리엄스 제가 아주 좋아하고 자주 인용하는, 3세기 그리스도교 작가가 남긴 구절이 있는데요. 우리를 향한 하느님의 사랑이 지닌 가장 독특한 점은, 자신과 본성상 같은 점이 없는 대상을 향한 사랑이라는 점입니다. 하느님의 사랑은 자신과 너무나 다른 것을 향한 사랑이기 때문에 위대한 신비이지요. 물론 이 작가는 인간이 하느님의 형상대로 만들어졌다는 교리를 부정하는 것이 아니고, 하느님이 우리든, 다른 피조물이든 피조물에게 적대적이거나 무관심하다고 주장하는 것도 아닙니다. 하느님은 무한한 자유, 무한한 기쁨, 무한한 지성이지만 우리는 그렇지 않다고, 그런데도 우리는 하느님에게 무한히 풍요로운 어떤 것인 듯 사랑받고 있음을 말하려 했던 것이지요. 이 사랑이야말로 그 무엇보다 비범하고 믿기 힘들 정도의 밀접한 관계를, 무한자와 유한자의 관계를 낳는 사랑이지요. 이 작가, 이름을 밝히자면 알렉산

드리아의 클레멘스Clement of Alexandria는 이 사랑에서 시작해 그리스도교 윤리학에 대한 사유를 이어 나갑니다. 그렇기에 그리스도교 윤리는 우리와 비슷한 사람, 우리와 가까운 사람에 국한될 수 없습니다.

저나지 일종의 믿음이고 받아들이는 것이라고 할까요.

윌리엄스 맞습니다. 유대인과 무슬림도 비슷하게 말할 거라고 생각해요. 하느님께서 자신과는 다른 세계를 순전히 호의로 창조했다는 비슷한 이야기를 가지고 있으니까요. 유대교가 이기적이고 배타적이라고 생각한다면 그건 유대교 정체성을 오해하는 겁니다. 실제로 유대교는 이렇게 선언하는 셈이에요.

> 하느님께서 함께하시는 공동체는 실현 가능합니다. 이를 증언하는 특별한 증인이 되어 달라는 소환장이 여기에 있습니다. 다른 모든 사람도 이 소환장을 유심히 읽고 용기를 얻기를 바랍니다.

이게 유대인 정체성의 핵심에 가깝습니다. 율법으로 다스려지는 정의롭고 연민 어린 공동체가 있으며, 이 공동체는 하느님의 임재, 그분의 부름을 알아차리고 응답함으로써 만들어질 수 있음을 보여 주는 것, 이게 유대인들의 사명이지요. "여러분은 여러분이 원하는 것을 하십시오. 하지만 우리가 해야 할 일은 이겁니다"라고 말하는 것입니다.

이슬람에서 공동체를 가리키는 말인 움마umma가 모든 사람을 포용하는 유대를 가리킨다는 점에서 유대교와 비슷한 점이 있습니다. 이렇게 아브라함계 종교들은 공통의 관점을 가지고 있습니다. 비非아브라함계 종교 전통들에서도 유사한 내용을 발견할 수 있어요. 종교적 창조성(이 부분을 특히 강조하고 싶군요)에 불이 붙기 시작하면 '장벽 없는 공동체'에 대한 감각이 생겨나는 것 같아요. 종교는 끔찍한 피해를 입히기도 하고 이런저런 배타주의에 갇히기도 합니다. 부정할 수 없는 사실이지요. 하지만 각 종교가 나름의 맥락에서 독특하게 발전시켜 온 가르침들을 살펴보면 (처음에는 당혹스럽고 신기해 보일지 모르지만) 결국 이런 말을 합니다. 바로 같음과 다름, 내부자와 외부자에 대한 우리의 선입견을 되돌아보라는 것이지요. 히브리 성서의 하느님은 이스라엘 백성에게 "이집트에서 너희는 이방인이었다"는 사실을 상기시킵니다. 자신들도 한때 이방인이었다는 사실을 잊지 말라는 뜻이지요.

저나지 제가 만나 본 한 무슬림 학생은 이삭과 희생 제물 이야기에 대한 잘못된 해석들, 이슬람 전통에서 폭력을 정당화하기 위해 이러한 해석들을 이용하는 방식을 연구하고 싶어 했습니다. 이야기 일부나 일부 요소를 자신에게 유리한 대로 고치는 일에 물음을 제기한 것이지요. 여기서 핵심은 주교님이 말씀하신 것처럼 같음과 다름이라는 문제 같습니다. 아이러니하게도 대부분의 거대한 '범죄'는 다름이 가하는 위협보다는 '같음'에 대한 애착 때문에 생기니까요.

윌리엄스　제 경우에는 역사적으로 중요한 의미를 지니는 종교 문헌들을 읽을 때, 그 문헌을 만든 문화에서 널리 공유하던 태도, 특히 여성이나 폭력에 대한 태도가 그 문헌에 어떤 식으로 반영되었는지는 그리 궁금하지 않습니다. 별로 도움이 되지 않으니까요. 그보다 저는 그 문헌이 당대의 그런 태도와 충돌하는 지점에 관심이 있습니다. 옛 종교 문헌들이 가부장제라든가 폭력적 배타주의를 반영하고 있다는 이야기는 끝도 없이 할 수 있어요. 하지만 그건 결코 놀랍지 않습니다. 그 문헌을 둘러싼 문화가 그랬으니까요. 하지만 히브리 성서에서 하느님이 이스라엘 민족에게 "너희도 이방인이었음을 잊지 말고, 이방인을 정의롭게 대해라"라고 말씀하신다든가, 신약에서 바울이 아내들에게 남편에게 순종하라고 가르칠 뿐 아니라 남편도 아내에게 속한다고 가르치는 건 흥미롭습니다.

저나지　사태를 뒤집어 보게 하니까요.

윌리엄스　정말로 새롭고 생명력 있는 무언가가 나타나는 거예요. 저는 지금 우리가 처한 문화사의 단계에서는 종교적 유산의 이런 차원을 다시 발굴해야 한다고 봅니다.

저나지 저도 동의합니다. 종교에 대해서 더 많이 이야기하고, 종교 언어를 바탕으로 무엇을 할 수 있는지 생각할 필요가 있어요.

윌리엄스 가장 확신에 찬 세속주의자가 좋든 싫든 이런 신앙에 대한 담론이 긍정적인 기여를 할 수 있다는 점은 인정해야 할 겁니다. 종교인들은 어떤 식으로 그게 가능한지 밝히고, 잊지 않도록 해야지요.

저나지 그렇게 하려면 어떤 요소들을 고려해야 할까요? 저는 정의에 대해 다시 생각해 보는 것도 종교를 둘러싼 공적 언어를 활성화하는 것이라고 생각합니다. 여러 종교가 유익한 가르침들을 바탕으로 문화를 풍요롭게 하려면 어떻게 해야 할까요? 우리는 종교에서 무엇을 배울 수 있을까요? 무언가 배우지 않으면 우리는 계속 폭력 속에서 살 테니까요. 책 속에 있는 폭력, 우리 정신에 영향을 미치는 폭력이 아니라 책 바깥에서 실제로 일어나는 폭력 말입니다. 폭력은 우리 눈앞에 실재합니다. 사람들이 자살 폭탄 공격을 하는 현실, 그로 인해 사람들이 죽어가는 현실을 어떻게 사유해야 할까요? 사람들이 자신이 속한 환경이 안전하지 않다고 느끼게 만드는 모든 종류의 배제와 폭력을 재생산하지 않으려면, 서로가 연결되어 있음을 깨달으려면 어떻게 해야 할까요?

윌리엄스　이런저런 배제의 방식 중 가장 강력하고 위험한 방식은 이렇게 말하는 거지요. '이런 걸 하는 사람은 우리와는 다른 부류다.' 이렇게 말하면 그 사람에 대해서 아무런 생각도 할 필요가 없습니다. 그리고 그들에 대해서 아무런 생각도 하지 않으면 불의와 잔인함이라는 거대한 수레바퀴가 굴러가기 시작하지요. 다른 사람들이 저지르는 악행을 순순히 받아들이거나 부인해야 한다는 이야기가 아닙니다. 정당한 방법으로 저항하지 말아야 한다는 의미도 아니고요. 역사에서, 인간으로서 실존하는, 다른 사람이라는 3차원적 현실을 똑바로 보아야 한다는 요구입니다.

저나지　얼마 전까지 베를린에 있었는데, 크리스마스 트럭 테러가 벌어졌던 그 장소를 방문했습니다. 정말 이상한 경험이었어요. 꽃들이 놓여 있고, 편지가 놓여 있고 한쪽 벽에는 누군가 죽은 이들을 기억하면서 쓴 글이 있었습니다. 거기에는 이렇게 적혀 있었어요.

우리는 사랑을 원한다. 우리는 평화를 원한다. 우리는 폭력이 반복되기를 바라지 않는다.

이런 상황에 나올 수 있는 아주 독특한 글이라고 생각했습니다. 언론은 테러로 인한 사람들의 분노, 증오만을 주목하는 경향이 있지만, 제가 만난, 그리고 본 현지인들은 폭력에 대한 예민한 감수성을 보여 줬어요.

윌리엄스 사람들은 그렇게 본능적으로 이 악순환을 끊어야 한다는 걸 알아차리는 것 같아요. 이런 본능을 우리는 아주 유심히 볼 필요가 있습니다.

저나지 비극과 폭력에 대해서 사유하고, 말하고, 행동하는 방식을 통해서 그런 본능을 키워 나가야겠지요.

윌리엄스 프랑스의 어떤 언론인이 테러리스트의 공격으로 아내를 잃은 뒤에 쓴 책이 하나 있어요. 『나는 당신을 혐오하지 않을 것이다』You Will Not Have My Hate 같은데, 정말로 끔찍하고 고통스럽고 악한 일을 마주했을 때 사태를 분명하게 볼 자유, 파괴적 정념의 소용돌이에 휩쓸리지 않을 자유를 어떻게 지킬 수 있는지 탐구한 책입니다.[4]

저나지 전에 '생각하기'에 대해서 주교님이 말씀하신 게 생각나

---

4 Antoine Leiris, *You Will Not Have My Hate* (New York: Penguin, 2016)

네요. 어떤 사람들이 우리 같지 않다고 선언하면, 친근함이나 관계에 대한 감각이 사라진다고 하셨지요. 가깝다는 감각, 연결되어 있다는 감각은 이런저런 차이에도 불구하고 우리를 인간으로 만들어 주지요. 이 연결을 부정하는 건 우리가 사태를 제대로 보고 증언하게 해 주는 관계를 사유하거나 느끼기를 부정한다는 뜻이고요. 전 지구적인 차원에서도, 이런 가까움에 대한 감각이 없으면 어떤 사태를 보고도 우리는 아무런 반응을 하지 않게 됩니다. 이 문제에 대해서 주교님이 조금은 다른 방식으로 쓰신 글을 본 적이 있습니다. '우리는 서로 다른 이야기들을 나눌 필요가 있다. 상상력을 발휘해서 우리의 사고를 확장할 필요가 있다'는 말씀이셨던 걸로 기억해요. 같은 맥락에서 우리는 직접적인 차원의 증언과 행동이 필요하고, 사태에 대해 직관적이면서도 본능적으로 반응해야 합니다. 다른 한편으로는 어떻게 이런 일이 일어날 수 있는지 상상하는 창조성이 필요하고, 그렇게 해서 새로운 이야기를 말하고 또 바꾸어 말해야 하지요.

윌리엄스 맞아요. 저는 모든 문제에 대해서 '공감'이 해결책이라고 떠들고 다니는 사람은 아닙니다. 하지만 잠깐이라도 다른 사람의 입장에서 생각해 보는 상상력은 아주 중요한 능력이고 선물입니다. 훌륭한 예술 작품을 즐기다 보면 그런 영역에 이르는 경험을 하게 되지요.

저나지 우리에게 다양한 관점을 제시해 주니까요. 예술은 다른 사람의 입장에 서게 해 주는 것 이상으로, 다양한 관점을 가로지르게 해 준다고 생각합니다. 다층적인 상황을 인식하는 인간이 되는 거지요. 이게 예술이 정말로 아름다운 이유라고 생각해요.

윌리엄스 맞습니다. 흔히 '고급 예술 작품'이라고 불리는 것들에만 한정된 이야기도 아니지요. 좋은 TV 드라마는 많은 사람에게 도덕적 시험의 기회를 줍니다. 드라마를 통해 시청자는 3차원의 인물이 극도로 힘겨운 상황에 반응하는 과정을 볼 수 있고, 그런 인물들을 보면서 우리 자신을 돌아볼 수 있으니까요. 드라마를 하찮은 예술로 보는 건 편견입니다.

저나지 아주 다양한 도덕적, 윤리적 시험의 기회를 주지요. 시청자가 흔히 생각해 보지 않던 어려운 질문을 던지기도 하고요. 다른 예술 작품들에 익숙하지 않은 이들에게는 더더욱 귀한 기회를 제공하지요.

윌리엄스 이런 경험은 수없이 많이, 다양하게 해야 합니다. 이는 결국 교육에 적절한 투자를 해야 함을 뜻하지요. 사회는 다양한 상황과 삶의 방식을 상상하는 훈련에 투자해야 할 필요가 있습니다. 앞서 언급한 교도소 토론 모임에서 수감자분들과 이야기를 나눈 일은 즐거웠고, 이 경험을 통해 상상력과 유대에 관한 제 생각이 틀리지 않았음을 확인했습니다. 모임에 참가한 분들은 아주 즐거워했어요.

저나지 상상력을 훈련하는 것 말씀이시지요?

윌리엄스 네. 경비가 삼엄한 감옥에 있는 분들이 말이지요.

저나지 '이게 우리에게 필요한 거다. 우리가 원하는 거다'라고 한 거지요.

윌리엄스 맞아요. 상상력이 부족하기 때문에 이렇게 된 거겠지요. 전 세계는 엉망이고요.

저나지 흥미로운 이야기네요. 오늘날 전 지구적 상황이 상상력의 부족에 기인했다는 말씀이요. 달리 말하면, 계급이나 접근 가능성accessibility의 문제라기보다는 안전과 돌봄의 문제라고 할 수도 있겠네요.

윌리엄스 그렇게 생각합니다.

저나지 지금까지의 대화를 정리해 볼까요. 오늘 이야기에서는 인간적인 것에 대한 생각, 성스러운 것에 대한 생각은 그 관계에 대해 상상할 수 있게 도와준다는 게 중요한 것 같습니다.

윌리엄스　다른 곳에서도 이런 말을 했는데, 인간관계에서 가장 중요한 부분 중 하나는, 나와 관계 맺는 상대가 나보다 더 놀라운 무언가와 관계 맺고 있음을 깨닫는 것입니다. 그는 고유한 정체성을 가지고 있습니다. 달리 말하면 그는 내 수중에 있지 않고, 내가 통제할 수도 없는 세계와 관계하고 있는 것이지요. 조금 더 직접적이고도 시적으로 말해 보면, 상대의 얼굴은 신을 향하고 있습니다. '나'도 마찬가지지요.

저나지　그게 삶의 신비지요.

윌리엄스　맞아요. 그리고 그 안에서 사람들은 가장 진실하고 가장 충만합니다. '나'는 이를 온전히 알 수 없어요. 그걸 통제할 수도 없고요. 다만 이렇게 말할 수 있을 뿐입니다. "아무리 애를 써도 나는 그것이 어디에 있는지, 그것이 사람들에게 어떻게 작용하는지 알 수가 없어. 다만 그런 게 정말로 있다고 전제하고서 행동해야 해. 모든 존재와 연관된 성스러운 무언가가 있어."

저나지　제 생각에 그건 지각이 있는 존재와 지각이 없는 존재 모두를 아우를 수 있을 것 같아요.

윌리엄스   저도 그렇게 생각합니다.

저나지   지금 이야기하는 맥락에서는 물론 인간에 대한 논의가 중요하지만, 방금 말씀하신 것과 같은 관계를 인식하는 데는 비인간에 대한 논의도 중요하지요.

윌리엄스   지난 몇 달 동안 겪은 일 중 가장 감동적이었던 일은 남아프리카 공화국에서 동굴 벽화를 보았을 때였습니다. 남아프리카에 거주하는 산족San people, 이른바 '부시맨'들이 그린 벽화였지요. 그리고 산족 구성원들이 사냥하고 춤추는 모습을 담은 영상을 한 편 보았어요. 근대 이전 대다수 사회가 그랬듯 이들에게도 사냥은 몹시 중요한 의례, 신화적, 영적 경험이었습니다. 그들에게 사냥은 단순히 동물을 죽이는 행위가 아닙니다. 오히려 그들의 사냥은 동물이 성스러움을 알아차리는 데서 출발합니다. 신적인 존재가 특별히 은총을 베풀어 이 동물을 인간에게 준 것이고, 인간은 일용할 수 있는 음식과 함께 그 동물의 '영혼'을 받는다고 생각하지요. 산족 문화에서는 산양을 죽이면 산양의 영혼이 자신들에게 들어온다고 여깁니다. 그래서 산족 사람들은 죽어가는 동물을 향해 공경하는 자세를 보여요. 이렇게 해서 사냥과 살생은 성스러운 순간이 되지요. 동물이 심오한 내면세계와 분명한 연관을 맺고 있다고 보는 것입니다. 우리가 동물을 죽여서 먹으면 뭐랄까, 동물이 우리의 일부가 된다는 것이지요. 이 과정을 영상물로 시청하면 강렬한 인상을 받게 됩니다. 그리고 남아프리카의 모든 동굴 벽화는 사냥이 이렇게 다양한 측면을 지니고 있고 다양한 순간들로 이루어져 있음을 보여 주지요. 산족의 설화들이 대부분 "사람이 동물이고 동물이 사람이던 시절에…" 같은 표현으로 시작한다는 사실도 의미심장합니다.

저나지 둘이 다르지 않다는 것이겠지요.

윌리엄스 영상에서 멋진 산족 격언을 인용한 게 기억에 남습니다.

신은 어디에 있는가? 우리는 모르나 산양은 알고 있다.

제3부

사랑

제3부

사랑

이 마지막 부분에서 로완 주교와 저는 타인과 우리 자신을 향해 올바르게 관심을 기울이는 방법을 탐색하고 숙고하며, 정의와 사랑이 아주 중요한 관계를 맺고 있다는 사실을 논의합니다. 또한, 보다 폭넓은 정치적 맥락에서 사랑과 인내를 품고 타인에게 응답하는 태도를 갖추려면 어떻게 해야 할지를 모색하고, 종교와 일부 신앙이 사람들에게 이러한 사랑, 고통, 정의의 관계를 사색할 도구를 마련해 준 과정에 관해, 또 올바른 세계에서 살아가는 방법에 관해서 탐구합니다. 이러한 도구를 이용하기 위해서 반드시 종교를 가질 필요는 없다고 저는 생각합니다. 하지만 이러한 도구는 우리가 우리 삶의 영적 차원을 생각해 보도록 하고, 사려 깊은 공동체를 만드는 데 필수적인 돌봄과 관심에 대해 숙고하도록 요구하지요.

이해의 현상학phenomenology of understanding이라 부를 수 있을 만

한 과정을 통해 우리는 생각을 생각하는 법에 대해 이야기를 나누기도 했습니다. 기후 재앙, 난민 문제, 전쟁을 비롯한 참극이 야기한 문제들에 맞닥뜨린 인류가 지역에서든 전 지구적으로든 공동의 운명을 짊어지고 있다는 사실을 이해하는 상상력을 가지려면 어떻게 생각해야 하는지 탐구하는 것이지요. 우리는 우리 개인의 삶과 공적 생활에서 의미 있는 대화와 논의를 낳는 생각에 어떻게 이를 수 있을지를 모색해 보았습니다. 인도주의적인 문제들, 환경 문제, 정치적 위기에 귀 기울이고 대응하는 법을 발견하는 상상력의 공간을 만들기란 무척 어렵습니다. 하지만 정의가 나아가야 할 길, 정의의 아름다움을 발견하기 위한 길을 찾는데 필수적인 일입니다.

마지막으로, 우리는 사회적 유대를 회복하는 길로서 '감사'에 대해 이야기를 나누었습니다. 우리는 이러한 유대가 계약이 아닌 관계의 성격을 지니고 있다고, 그렇게 볼 수 있는 눈이 필요하다고 생각합니다. 이렇게 될 때 사랑과 정의는 서로를 향하며, 한데 엮여 우리가 세계에서 일어나는 문제들에 대응할 수 있게 해 줄 것입니다.

제6장

사랑와 정의를 위하여

2017년 10월

저나지 우리는 지금까지 정의와 올바름의 언어를 풍요롭게 하
는 길, 대안이 될 만한 언어를 찾는 길에 대해 이야기를 나누었
습니다. 고통의 문제, 전 지구적 차원의 증언의 필요성에 대해서
도 이야기했지요. 제 생각에 이 이야기들은 결국 생각에 대해 생
각할 필요성과 연관이 있는 것 같아요. 주교님은 이 주제에 관해
종종 글을 쓰시기도 하셨지요? 고통의 복잡한 면면을 다루기 위
해서는 다양한 방법이 필요하다는 것을 진지하게 받아들인다면
사랑과 정의는 불가분한 관계를 맺고 있음을 더 분명히 알 수 있
을 것 같습니다.

　저는 완고한 세속주의자라도 종교가 사랑, 고통, 정의의 관계
를 생각해 볼 수 있는 도구를 제공한다는 점에는 동의할 것이라

고 생각해요. 그러한 면에서 공공 영역에 이런 요소들을 어떻게 반영할 수 있을지, 공적 담론에서 세속주의와 종교 사이에 일종의 다리를 놓으려면 어떻게 해야 하는지 궁금합니다. 이렇게 되면 좀 더 건강하고 열린 환경을 만들 수 있고, 세계와 마주해 도덕적 책임을 지는 법을 익힐 수 있겠지요. 먼저 전 지구적 증언, 사랑, 정의의 관계에 대해 이야기해 주실 수 있겠습니까?

윌리엄스 사랑과 정의의 관계는 제가 자주 고민하는 문제입니다. 최근에도 이와 관련해 레지나 슈워츠Regina Schwartz가 쓴 『사랑을 담은 정의, 살아 있는 셰익스피어』Loving Justice, Living Shakespeare라는 책을 읽었지요.

이 책은 기본적으로 셰익스피어 희곡에 드러난 사랑과 정의에 대해 다루면서 사랑과 올바른 시각이 어떠한 관련을 맺고 있는지를 살핍니다. 누군가가 받아 마땅한 관심을 기울이는 것이 사랑이고 또한 정의라는 전제를 바탕으로 논의를 전개하지요. 둘은 불가분의 관계에 있습니다. 정의란, 즉 서로를 올바르게 대한다는 것은 곧 서로를 알기 위해 충분한 시간(이 책에서는 시간도 매우 중요하게 다루어집니다)을 들이는 것을 뜻합니다. 사랑도 마찬가지지요. 그러니까 사랑의 결핍은 정의의 결핍과 다를 바 없습니다. 서두르고, 무시하고, 보지 않으려 하고, 듣지 않으려 하고, 시간을 들이지 않으려 하면 사랑과 정의는 이루어질 수 없습니다. 시간을 들이지 못하게 하는 문화에서 사랑과 정의가 사라지는 건 그리 놀라운 일이 아니지요.

저나지　맞아요. 이전 대화들에서도 인내, 관심, 시간을 들이지 않을 때 일어나는 결과에 대해서 직간접적으로 언급한 바 있지요. 시간, 인내, 관심은 정의의 중심부에 있다 해도 과언은 아닙니다. 아이리스 머독의 작품을 두고 도덕, 행위, 선을 다루면서 이에 관해 이야기했었지요. 우리가 지금 처한 맥락 속에서 이 문제들을 더 생각해 보고 싶습니다. 폭력 같은 문제와 연결해 살펴보고도 싶고요. 시간과 관심을 들여 타인에게 응답하려면 어떻게 해야 할까요? 이 모든 경우에 사랑과 정의는 어떻게 서로 어우러질 수 있을까요? 넓은 의미의 정치적 맥락에서 정의를 이루기 위해 올바로 보는 것은 어떻게 가능할까요?

윌리엄스　우리가 처한 정치적 환경, 혹은 공공 문화는 양극화가 심화되었지요. 이런 상황을 반기는 이들도 많은 것 같아요. 사람들은 각 진영에서 힘을 얻는데, 이는 자연스럽게 온당치 못한 태도를 낳습니다. 영국이나 미국에서 보듯 이런 양극화 가운데서 이루어지는 공적 의사 결정은 인구 절반에 해당하는 이들이 패배감을 느끼게 할 뿐 아니라 참정권을 거의 박탈당했다고 느끼게 하지요. 선거에서 아주 근소한 차이가 나더라도 사람들은 공적 토론 과정의 한 단계가 마무리되는 게 아니라 사실상 종결되었다고 생각합니다. 그렇기에 패배한 진영은 자신들의 의견이

묵살되고 자신들의 관점이 완전히 무시당한다고 느끼지요. 지난 브렉시트 국민투표 이후로, 브렉시트가 바람직하지 않다고 투표한 48퍼센트의 사람들을 두고 '국민의 뜻'을 거슬렀다거나 '국민의 적'이라는 말이 오갔던 게 생각나네요. 몹시 염려되는 상황입니다.

저나지 사랑과 정의의 가능성, 사랑과 정의를 실현할 가능성을 가로막는 것들이 바로 이런 대립 때문에 생겨난다고 보시는 거죠?

윌리엄스 맞습니다. 이런 상황이 올바른 민주주의에 악영향을 미친다고 생각해요. 다수파가 되는 것에만 관심을 쏟는다면, 다수파에 속하지 않은 이들, 소수파에는 관심을 보이기 힘들어지니 말이지요.

저나지 그렇다면 이러한 상황에서 '올바르지 못한 것', '불의한 것'에 대한 감각은 어떻게 익힐 수 있을까요? 어떠한 방식으로 양극화가 심화된 현재 상황을 타개할 수 있을까요? 타인의 고통에 관해 생각하기 위해서, 생각을 생각하기 위해서 이는 매우 중요한 일처럼 보이는데요. 달리 말하면 우리 경험의 복잡성, 우리가 매일 마주하는 현실을 온전히 이해하기 위해서는 어떻게 해야 할까요?

윌리엄스　저는 교육 기관들과 공동체의 여러 기관이 지금보다 훨씬 강한 의지를 갖고 지역 차원에서부터 토론과 토의 자리를 활성화해야 한다고 생각합니다. 며칠 전 한 분과 우리나라의 각종 교육 정책을 두고 이야기를 나눈 적이 있어요. 의견 충돌이 있을 때 어떻게 논쟁해야 하는지, 양립할 수 없는 뉴스들을 어떻게 다루어야 하는지, 나와 의견이 다른 사람은 결코 사라지지 않는다는 사실, 그러니까 내 뜻대로 논의에 종지부를 찍을 수는 없다는 사실을 어떻게 받아들이게 해야 하는지 등에 대해 논의했지요.

어떻게 하면 이런 기획이 사회 전반에 걸쳐서 실현되도록 재원을 제공할 수 있을지 많은 분과 함께 고민하고 있습니다. 저는 제대로 된 공공 토론을 통해서 제대로 된 안목을 기를 수 있는 환경이 충분히 조성되어 있지 않다고 생각합니다. 선거철이 되면 많은 비평가가 지적하는 부분이기도 하지요. 집회도 하고, 화제가 되는 연설도 하고, 대중 매체는 이런저런 이야기를 하고, 정치인은 연예인처럼 돌아다니지만, 정작 지역 공청회는 잘 이루어지지 않습니다. 이런 차원에서부터 정치적 삶이 회복되어야 한다고 봅니다.

저나지　이것도 시간, 시간의 흐름, 시간이 펼쳐지는 것과 관련이 있는 것 같습니다. 어떤 환경 속에서 갈등할 때, 반대에 부딪혔을 때 시간을 가지고 인내하며 의견이 다른 사람들에게 응답하는 태도가 사라졌어요. 그렇다면 주교님이 제안하신 걸 실제로 실천하려면 어떻게 해야 할까요? 그러니까, 교육 기관에서나 공동체에서 서로 부딪히는 관점들을 마주했을 때 대응하는 문제 같은 것들이요. 대립에 매몰되면 토론과 논쟁이 멈춰 버리고 만다는 점을 진지하게 생각하려면, 그리고 논쟁이라는 것이 꼭 편을 갈라 대립하는 것일 필요는 없다는 점을 깨달으려면 어떻게 해야 할까요? 어떤 문제나 의견들에 담긴 복잡성을 다루는 과정이 논쟁이라는 걸 알게 하려면 말이지요.

윌리엄스 두 가지를 명심해야 합니다. 첫째, 내가 옳다 하더라도 옳다는 게 무엇을 의미하는지를 배워야만 합니다. 자신이 무엇을 해야 하고, 어떻게 말하고, 자신의 생각에 동의하는 이들, 혹은 동의하지 않는 이들과 어떻게 관계를 맺어야 하는지를 알아야 한다는 측면에서 말이지요. 설령 내가 옳다 해도 배움은 이어져야 합니다. 타인의 이야기에 귀 기울이는 과정 역시 마찬가지입니다. 둘째는 누구든, 그가 옳든 옳지 않든 그에게 귀 기울여야 한다는 것입니다. 자신이 옳다고 해도 다른 사람이 들을 가치가 없는 사람이 되는 것은 아닙니다. 나 자신의 가치, 내가 이곳에 존재할 권리, 내가 이곳의 일부로 있을 권리를 입증하기 위해 상대방을 침묵시킬 필요는 없습니다. 저는 오늘날 문제 중 상당부분이 '나는 과연 내 이야기를 할 권리를 지니고 있는가?'라는 깊은 불안에서 나온다고 봅니다. 트럼프 현상이나 브렉시트 문제 이면에는 권리를 박탈당한 사람들의 불안이 있다고 많은 비평가가 지적합니다. 거의 습관처럼 무시당해 온 사람들 말이지요. 이들은 자신들에게 "승리가 뭔지, 편안하고 안전한 느낌이 뭔지 보여 주겠습니다. 어떻게 해야 이길 수 있는지 말입니다"라고 선전하는 사람, "이렇게만 되면 당신은 안전해질 것입니다"라고 장담하는 사람에게 반응합니다. 그렇게만 되면 공론장에서 얼마든지 자신의 목소리를 낼 수 있을 거라는 기대를 갖고서 말이지요. 하지만 공동체에 내 자리가 이미 확보되어 있다면, 내 존엄이 보장받는다면, 공동체의 일원이 되기 위해 항상 승리해야만 하는 처지가 아니라면 어떨까요? 지금 공동체가 언제나 내 자리를 투쟁으로 쟁취해야만 하는 공동체가 아니라면요? 정치 문화가 양극화되면서 우리는 아주 많은 것을 잃어버릴 위기에 처했지만, 그중에서도 염려되는 건 바로 자리를 쟁탈할 필요가 없는 공동체에 관한 전망을 잃어버렸다는 점입니다. 교회 같은 종교 단체는 이런 차원의 소속감이 존재할 수 있음을 사회에 일깨워 줘야 하지요.

저나지 지금 말씀하시는 내용에서 특히 중요한 이야기는 우리가 옳든 옳지 않든 계속해서 배워야 한다는 부분인 것 같아요. 그렇다면 다른 이의 이야기를 듣는 법은 어떻게 배울 수 있을까요? 이건 다른 틀을 필요로 하는 것 같습니다. 변증법적인 틀 말고, 공동체를 창조하는 활동에 참여하는 법을 익히는 틀 말이지요.

윌리엄스 타인에게도 의미가 있음을 인정해야겠지요.

저나지 네. 그런데, 의미가 없어 보이는 것, 무의미해 보이는 것에서 어떻게 의미를 찾을 수 있을까요? 토론하지 못하게 입을 막고 테러와 폭력이 일어날 때는 어떻게 해야 할까요?

윌리엄스 우리의 인간성이 배움에 달려 있다고 한다면, 배움에는 시간이 걸린다는 점을 인정해야 합니다. 그러니까 정의로운 사회, 올바른 사회는 모든 사람이 배워야 할 것을 배울 수 있도록 하는 사회, 가져야 할 시간을 가질 수 있게 해 주는 사회겠지요.

저나지 그런 부분에서 사회가 진척을 보이려면 무엇부터 해야 할까요? 예술도 분명 그러한 부분에 기여할 수 있는 것 같습니다. 우리에게 듣고 보는 법, 상상하는 법을 알려 주니까요. 이전에 이와 관련해 주교님과 이야기를 나누었지만, 이런 부분들과 연관해서 궁금증이 생깁니다. 내가 옳을 때조차도 배워야 한다는 이야기, 그리고 권리의 문제, 이런 것들과 방금 논의한 내용은 어떻게 연결될 수 있을까요?

윌리엄스 제가 종종 교육 관련 업무를 맡을 때 이런 문제를 숙고할 기회를 얻곤 하는데요. '좋은 학교, 좋은 대학이란 어떤 모습이어야 하는가?'라는 물음들을 다루면서 말이지요. 제가 참여한 대학 교육 과정 중 가장 인상적이었던 것은 윈체스터 대학교에서 실시하고 있는 '오늘날의 인문학' 과정입니다. 최근 몇 년 동안 감사하게도 이 과정의 외부 심사 위원으로 참석했는데, 이 과정에서는 정치, 문화 일반을 다루고 배움의 본질을 끊임없이 고민하게 해 줍니다. 이 과정에 참여하면서 학생들은 원전을 아주 많이 읽어야 하는데, 교사의 권위, 배우는 과정에서 느끼는 자유의 본질에 대해 생각해 보게 되지요. 매년 심사를 마치고 돌아올 때마다 '왜 모든 학생이 이 과정을 듣지 않는 걸까?' 하고 묻곤 해요. 다행히도, 고등 교육에 종사하는 사람 중 일부는 이런 문제에 점점 더 많은 관심을 보이고 있습니다. 최근 미국 베일러 대학교 교수인 앨런 제이콥스_{Alan Jacobs}가 쓴 책을 읽었는데, 자신의 주장을 펼치는 법, 논리 정연한 의견을 주고받는 문화를 만드는 법에 관한 책이었어요.[1] 이런 걸 알기 위해서 책까지 필요하다는 건 조금 암울한 일이지만, 이게 현실이니까요.

문제는 오늘날 우리에게는 이런 논의가 간절히 필요한데, 고등 교육 기관들과 여타 교육 기관들의 분위기는 정반대로 향하는 것 같다는 데 있습니다. 아주 기능적이고 문제 해결에만 몰두하는 교육을 추구하지요. 측정 가능한 뚜렷한 효과, 산출물이 있어야 하니까 결국 대화의 출발점이었던 문제로 귀결됩니다. 생

---

1 Alan Jacobs, *How to Think: A Survival Guide for a World at Odds* (New York: Currency, 2017) 『당신이 생각만큼 생각을 잘하지 못하는 이유』(코리아닷컴)

각에 대해 생각하지 않는 문제 말이지요.

저나지　오늘날 서구 사회는 확실히 그런 것 같아요. 젊은 교사 중에서도, 적당한 말을 찾기가 힘든데, 교육과 관련해 정말로 중요한 문제들을 보지 못하는 분들이 있지요. 이런 변화가 우리 문화에서 무엇이 가치 있는 것이고 무엇이 가치 없는 것인지 규정하는 방식에도 영향을 미치고 있다고 봅니다. 어떤 면에서 이는 사랑과도 연관이 있어 보이는데요. 예전에 주교님은 3세기 그리스도교 작가를 인용하시면서 신의 사랑은 언제나 '자신과 같지 않은 대상을 향한 사랑'이라고 말씀하신 적이 있지요. 이 '같지 않다'는 생각이 무척 흥미로웠습니다. 저에게 이 말은 사랑은 언제나 불완전함을 내포한다는 이야기로 들리거든요. 하지만 우리는 우리 자신이 언제나 옳다는 생각을 바탕으로 살아가곤 합니다. 이 둘을 엮어서 생각해 볼 지점이 있을까요?

윌리엄스　알렉산드리아의 클레멘스를 말씀하시는 거지요? 그는 하느님이 자신과 같지 않은 것을 사랑하신다고 말했지요. 하느님은 그냥 그곳에 있는 것들을 사랑하십니다. 자신과 같은 것을 찾으려고 애쓰시지 않지요. 자신이 창조하신, 자신이 아닌, 그냥 그곳에 있는 것을 사랑하십니다. 이러한 사유는 그저 그곳에 있는 것들을 사랑하는 것, '나'에게 유익이 되고 기분 좋게 만드는 것이 무엇인지를 평가해 그것을 찾아다니기보다는 내 앞에 있는 것을 사랑하는 것을 상상할 때 도움을 주지요. 그리고 이 부분과 관련해서 신앙이 중요한 역할을 한다고 저는 생각합니다. 종교가 제대로 작동하면 이런 식으로 작동하겠지요. 하지만 아이러니하게도 자신이 옳아야 한다는 불안을 증폭시키고 그 결과 사랑과 정의를 실현하지 못하게 막는 주요 원인 중 하나도 종교임을 부정할 수 없습니다.

저나지 정말 아이러니하네요. 사랑과 정의에 관한 물음으로 돌아가 보면, 거기 존재하는 것을 사랑한다는 말은 결국 차이와 옳고 그름을 따지기보다 마주하는 모든 것과 관계를 맺어야 한다는 뜻일 텐데요. 이는 결국 '결핍', 즉 우리 자신의 결핍과 다른 사람의 결핍 혹은 불완전함을 껴안고 살아가야 할 필요성에 대해 이야기하는 것으로 들립니다.

윌리엄스 맞습니다. 우리의 목표는 완전함이 아닙니다. 오히려 우리의 목표는 은총으로, 타자 앞을 향해 한 걸음 내딛는 것입니다. 우리는 완전하지 않습니다. 그걸 알면서도 우리는 행동할 수 있고, 관계 맺을 수 있고, 배울 수 있습니다. 배움에 관해서 이야기할 때 가장 멋진 점은 배움을 이야기하는 것이 희망을 이야기하는 것이기 때문입니다. 배움은 우리를 풍요롭게 하고 우리를 확장하는, 우리 바깥을 향하는 활동이지요. 그리고 "나는 더 배워야 해"라고 말하는 것은 자신의 약점을 인정하는 게 아니라 희망, 갈망을 표현하는 것임을 이해해야 합니다, 우리는 교육 과정을 통해서 바로 이 메시지를 전해야 합니다.

저나지 이건 지혜와도 관계되는 것 같아요, 조금 다른 종류의 지혜이긴 하지만요. 플라톤의 『향연』Symposion에서 소크라테스가 지혜의 참된 의미를 탐색할 때 이야기하는 지혜와 완전히 같지는 않지요. 좀 더 현실과 관련된 지혜, 현실 세계에서의 행위로부터 나오는 지혜, 세계에 관계하면서 나타나는 지혜라 할 수 있을 것 같습니다.

윌리엄스 저도 그렇게 생각합니다. 이 부분에서는 플라톤보다는 아리스토텔레스가 도움이 될 것 같아요. 프로네시스phronesis, 실천적 지혜라고 부르는 것이 필요합니다. 문자 그대로의 공통 감각, 사물, 사태의 결과 질감을 느끼고 더듬어 가며 나아가는 능력이 필요해요. 여기서 메를로퐁티Merleau-Ponty 같은 현대 철학자들의 논의는 되새길 만한 가치가 있습니다. 그는 몸과 배움을 강조했지요. 우리는 몸을 지녔기에 사물을 아는 법을 익힐 수 있습니다. 몸이 없는 정신이 아닙니다.

예기치 못한 저항으로 가득한, 단단하고도 복잡한 세계를 헤쳐 나갈 수 있게 정신은 우리에게 지도와 도표를 마련해 줍니다. 우리는 의자에 앉는 법, 일어서는 법, 방을 가로질러 걷는 법을 배웁니다. 돌도 안 지난 아기들을 보면, 생각하는 법을 익힌다는 걸 알 수 있습니다. 단순히 벽에 머리를 부딪치지 않는 법만 익히는 게 아니지요. 물론 우리 인간의 가장 심오한 지적 능력이 사물에 부딪히지 않는 법을 익히는 수준부터 출발한다는 사실은 굉장히 흥미로운 일입니다. 바로 그 지점부터 우리는 개념을 형성하기 시작하지요.

저나지 그 이야기와 관련해서 두 가지를 좀 더 생각해 보고 싶네요. 하나는 메를로퐁티가 말하는 정신적인 부분이 세상의 지도를 그리는 일, 세계를 탐험하는 일과 어떻게 연결되는지 궁금하고요. 다른 하나는 세계에 대한 믿음, 세계와 내가 밀접한 관계를 맺고 있다는 감각이 어떤 지점에서 생기느냐는 것입니다. 달리 말해서 우리의 몸이 공간을 탐색하는 법을 익힌다면, 사랑하는 능력, 느끼는 능력은 어떻게 형성되는 것일까요?

윌리엄스 다른 몸, 물질의 일부와 마주했을 때 우리는 아주 이른 시기부터 그것들을 읽는 법을 배운다는 것은 매우 주목할 만하다고 생각합니다. 아기들과 어린이들만 봐도 누군가 미소를 지으면 그게 무슨 의미인지 거의 바로 알아차리는 것처럼 보이잖아요? 인간이 태어나면 아주 이른 시기부터 이런 일이 일어나고, 직접적인 유대를 형성합니다. 이 점을 곰곰이 생각해 보면 정말 기이해요. 누군가 세계에 있는 타자의 일부와 마주합니다. 그리고 특정한 방식의 행동을 이런 의미가 아니라 저런 의미가 있는 것으로 해석합니다. 우리는 그렇게 읽어 냅니다. 단순히 입력하는 게 아니라요. 우호적인지, 우호적이지 않은지, 풍요로운지, 그렇지 않은지 우리는 가늠합니다. 다른 사람의 눈을 보고 그 사람의 감정과 반응을 가늠하는 법을 익힙니다. 그렇게 우리는 사물을 해독하는 법을 익히지요.

오늘날 신경 과학 연구에서 제가 가장 흥미롭다고 생각하는 건 뇌의 특정 부분이 기능을 상실했을 때 벌어지는 일에 관한 연구입니다. 그런 경우 우리는 다른 사람의 표정을 아예 읽지 못하게 되거나 불완전하게 읽게 된다고 하지요. 타인의 얼굴에서 의미를 찾지 못하게 왜곡이 일어나는 겁니다. 이는 정신과 신체 체계 전체가, 그러니까 생각하고 느끼고 감지하는 기능이 서로 엮여 있다고 이야기하는 것처럼 보입니다, 세계를 탐색하고 해석하는 법을 배우고 그걸 바탕으로 어디로 가야 할지 지도와 도표를 만들 때 이 묶음 전체가 동원된다는 것이지요.

저나지 이 지점에서 박탈당한 사람들의 어려움에 관해 생각하게 되네요, 세계를 탐색할 자유를 갖지 못하는 사람들요. 이 맥락에서도 그렇고 세계 속에서 어려움을 탐색하는 방법에 관해서도 메를로퐁티가 아주 중요하다는 생각이 듭니다.

윌리엄스 제가 메를로퐁티에게 배운 가장 중요한 가르침은 우리가 경험하는 감각 세계가 자명self-explanatory하거나 스스로 조직되는 것이 아니라는 것입니다. 연결 고리를 만들어 내는 건 우리지요. 우리가 신호를 읽어 냅니다. 그것도 고립된 추상적 정신이 아닌, 물질을 지닌 존재로서 말이지요. 메를로퐁티의 책을 처음 읽었을 때 강한 인상을 받은 부분은 우리가 자리에 앉은 상태로 책상 위에 손을 놓았을 때 윗면과 아랫면을 동시에 느끼는 일에 관한 부분이었어요. 메를로퐁티는 이렇게 물었습니다. '자, 정신은 어떻게 감각 기관이 주는 이런 인상들을 가지고 대상을 엮어 냅니까?' 이게 정신이 하는 일이지요. 3차원을 전제하고 다양하게 뻗어 나가는 지점들과 수렴하는 지점들을 가정해 대상을 구성하는 거요. 우리는 바로 이렇게 활동합니다. 이런 식으로 우리가 공유하는 세계를 탐색해 나가지요.

저나지 그렇군요. 그러면 믿음, 사랑, 정의와 관련해서, 또 몸을 지니고 주어진 환경 안에서 일어나는 우리의 경험과 관련해서, 이것들은 서로 어떻게 연결될까요? 우리 자신, 그리고 타인과 관련해 이렇게 감각적이고 구체화된 현실들을 탐색한다는 건 어떤 의미를 지닐까요? 아주 중요해 보이는데요.

윌리엄스 우리의 앎이 언제나 탐색하고, 길을 느끼고 헤쳐 나가는 과정이라고 한다면, 달리 말해 지도와 도표를 만드는 일이라면, 인간 존재의 정수 혹은 행복의 정수라고 할 만한 것과 세계를 성공적으로 탐험하는 것 사이에는 명백한 관계가 있는 것 같습니다. 아마도 다양한 방식과 수준에서 세계를 성공적으로 탐색하는 일이라 할 수 있겠지요. 9개월 된 아기가 방에서 걷다가 물건에 걸려 넘어지지 않는 것부터, 우리와 관계 맺는 타인을 무시하거나 그 사람의 현실성 혹은 인간성을 부인하지 않는 것까지 말이지요. 이러한 맥락에서 사랑과 정의는 그냥 우리가 좀 더 괜찮은 사람이 될 때 필요한 부속물이 아닙니다. 우리의 삶, 우리의 행복과 단단하게 결속되어 있죠. 습관적이고 강박적으로 다른 사람의 현실성을 부인하고 비하하는 사람은 결국 자기 자신의 행복을 희생하는 겁니다. 스스로는 어떻게 생각할지 몰라도, 그 사람은 자기 자신의 삶을 무너뜨리고 있는 겁니다.

저나지 심오한 이야기네요. 우리에게 미지의 차원이 있음을 상기시켜 주는 것 같기도 하고요. 실제 생활에서 우리가 의식적으로 모든 것을 동시에 생각하지는 못하잖아요. 현실과 경험은 여러 차원이 있지요. 그건 일종의 신비인 것 같습니다. 그 신비는 우리가 타인에게 우리 자신을 맞추어 나가게 하지요. 결국, 우리에게는 두 가지 길이 놓이게 되는 것 같습니다. 우리는 우리 삶과 그 안에서 발견하는 관계들의 구체성을 받아들이거나 거부하거나 둘 중 하나입니다. 그렇지 않나요?

윌리엄스 맞습니다. 저는 종종 그 이야기를 이렇게 표현합니다. 다른 사람을 소유하려 하지 않는 것, 다른 사람이 나보다 더 큰 무언가와 연결되어 있음을 아는 것이라고요. 제가 존중과 관심을 가지고 다른 사람을 마주하는 이유 중 하나는, 그와 '나'의 관계가 그를 이루는 일부에 불과하다고 믿기 때문이에요. 그는 사람, 사물, 현실의 여러 차원으로 이루어진, 말 그대로 헤아릴 수 없이 광대한 관계성을 바탕으로 존재하니 말입니다. 그리고 저는 그리스도교인으로서 '그'가 궁극적으로 하느님과 관계 맺고 있다고 생각합니다. 이와 관련해 사도 바울은 로마인들에게 보낸 편지에서 그리스도인 이웃들의 행동을 보고 그 사람들을 멋대로 재단하지 말라고 말합니다. 그 이웃들은 '나의 것'이 아니니까요. 로마인들에게 보낸 편지 14장에 따르면 그들은 내가 아니라 다른 누군가를 섬기고 있습니다. 저는 이게 윤리의 지향점이 되어야 한다고 믿습니다. 타인이 다른 누군가와 관계 맺고 있다는 점, 그가 자신이 하는 일을 두고 '나'에게 설명해야 할 이유는 없음을 되새기는 것 말이지요.

저나지 이쯤에서 전에 주교님이 말씀하셨던 이야기로 돌아가 보면, 우리가 옳다고 해도 우리는 더 배워야 하고, 옳지 않다면 역시나 더 배워야 한다고 하셨지요. 이는 곧 우리가 다른 사람의 언어나 담론을 소유할 수 없다는 뜻이기도 한 것 같습니다. 그게 타자를 받아들인다는 것이겠지요. 물론 이 '받아들임'이라는 말이 조금 부족한 느낌도 있지만 말입니다.

윌리엄스 타자를 받아들인다는 게 어깨를 으쓱하며 "그래. 어쩔 수 없어"라고 말하는 정도로 그쳐서는 안 되겠지요. 받아들인다는 건 좀 더 적극적이고 상호적인 활동입니다. 이렇게 말하는 것에 가깝지요. "그래. 나는 다른 사람을 소유할 수 없어. 그러면 보자. 저 사람은 아는데 나는 모르는 것, 저 사람은 볼 수 있는데 나는 보지 못하는 건 무엇일까? 어떻게 해야 그걸 발견해서 이해할 수 있을까?" 해답은 물론 그와 대화하는 것입니다.

다른 사람과 대화를 나눈다는 건 그런 겁니다. 말을 건넨다는 건 커다란 위험을 감내하는 행위입니다. 어떤 저항을 마주할지, 몰이해와 맞닥뜨릴지 모르니까요. 물론, 자신을 풍요롭게 만들고 확장시키는 무언가가 돌아올지도 모르지요. '나'는 아직 알지 못하고 보지 못하기 때문에 타인, 세계와 마주했을 때 더 잘 탐색할 필요가 있는지도 모릅니다.

저나지 주교님이 메를로퐁티와 탐색에 관해 이야기하신 게 그런 의미군요. 우리가 마주하는 것과 우리가 깊이 연결되어 있음을 감지하고 이를 민첩하게 탐색하는 정신…. 하지만 우리가 그 마주한 순간의 의미를 언제나 이해할 수 없다는 것 말이지요. 이 위험을 감내하면서 우리는 우리 자신을 우연과 차이에 열고, 덕분에 새로운 소통 방법을 배울 수 있게 되지요.

윌리엄스 그래서 언어를 이루는 기본적인 요소는 매우 중요합니다. 우리는 소리, 몸짓, 시선을 읽는 법을 배웁니다. 이 모든 게 언어지요. 우리는 거기서 의미를 발견하고 의미를 담아 응답하지요. 응답한다는 건 곧 위험을 감내하며 이 게임에 참가하는 것입니다. 그렇게 해서 배움이 이루어지지요. 성장하고 배우는 과정은 이러한 '탐색'의 측면을 가지고 있습니다. 한 철학 전통을 빌려 말하면 이를 '유비적'analogical이라고 부를 수도 있겠지요. 우리는 우리 주변을 물리적으로 탐색하는 데서 출발합니다. 그러한 가운데 우리가 지닌 특유한 언어적, 문화적 상호 작용 능력을 발달시키며 우리의 길을 찾아 나가지요. 신앙을 가진 사람이라면, 궁극적으로 이 모든 것을 아우르는 힘, 그 신비와 관계 맺으면서 자신의 길을 발견해 나간다고 이야기할 것입니다. 그리고 그 힘과 신비로부터 사랑이 나온다고 하겠지요.

저나지 그런 종교적인 의미의 신비에도 관심이 갑니다. 우리의 지향점이 될 수 있다고 생각하기 때문이지요. 신앙이 없더라도, 사랑을 촉진하는 관계, 그런 관계의 가능성에 대해서 숙고할 필요가 있다고 봅니다. 특정 종교를 믿든 믿지 않든 말이지요.

윌리엄스 맞습니다.

저나지 이런 것들을 생각하다 보면 정의와 아름다움에 관한 문제로 다시 돌아가게 됩니다. 일레인 스캐리가 쓴 「아름다움과 정의를 위한 학자의 의무」라는 글이 떠오르는데요.[2] 여기서 스캐리는 아름다움이 세계를 이해하고 윤리적 책임을 깨닫는 일과 연관이 있으므로 아주 복잡한 측면을 지닌다는 점을 학생들에게 이해시켜야 한다고 주장하지요. 아름다움은 소수만 이해할 수 있는 비밀스러운 것이 아니라 실천적인 것이라는 이야기도 하고요. 아름다움에 참여한다고 해야 할까, 그런 과정을 통해서 사람들은 사랑의 가능성, 정의와 자유의 가능성을 배운다고 그녀는 주장합니다. 아까 언급하신 윈체스터 대학교 학위 과정처럼, 우리 마음과 정신을 열어 주는 차원을 가지고 있다는 것이지요.

윌리엄스 맞아요. 오늘날 아름다움에 관해서 적절히 이야기하기란 쉽지 않습니다. 중세적인 의미에서 진, 선, 미가 함께 간다는 생각을 우리는 거의 하지 않으니까요. 이제 그런 이야기를 하면 뭔가 뜬구름 잡는 것 같고, 그냥 심미적인 것, 우리를 기분 좋게 만들어 주는 멋진 것들에 관한 이야기처럼 들리지요. 그게 아닌데도 말입니다.

중세의 언어는 우리에게 강력하고 논리 정연한 사유의 틀을 준다고 생각합니다. 만물이 서로 연결되고 질서를 이루고 있음을 강렬하게 깨닫는 순간이 있습니다. 실재의 계시처럼 느껴질 정도로 말이지요. 토마스주의 전통에 있는 사람들은 아름다

---

2 Elaine Scarry, 'Beauty and the Scholar's Duty to Justice', *Profession* (2000), 21-31.

·

움을 '형상의 광채'splendor formae라고 이야기하곤 합니다. 사물들이 서로 연결된 '형상', 그 모습이 더는 탐구할 필요가 없는, 일련의 문제들을 해결해 주는 데서 그치는 것이 아니라 사물의 심오한 본질, 세계의 실제 모습을 보여 주는, 전혀 예상치 못한 통찰을 우리에게 선사한다는 뜻이지요. 서로 연결되고, 얽히고, 주고받는, 말 그대로 광채를 뿜는 활력이 세계라는 체계 안에 있습니다. 다양한 아름다움은 바로 이를 드러내지요. 이를테면 어떤 광경, 혹은 풍경을 보면서 우리는 빛과 윤곽과 물질의 연결에 대해서 떠올릴 수 있습니다. 저는 웨일스 서부 해안에서 수평선 아래로 해가 지는 모습을 보면서 그런 생각이 들곤 합니다. 그 아름다움에 젖는 순간 저는 저도 모르게 읊조리곤 하지요. "그래. 이게 다야."

역설적이기는 하지만, 『리어 왕』의 결말을 볼 때도 비슷한 생각이 듭니다. 이 작품에서 우리는 극도로 끔찍한 인간의 모습을 보지만, 동시에 무언가 한데 모임을 깨닫습니다. 예이츠W. B. Yeats가 말하는 "끔찍한 아름다움"이라든가, 릴케가 아름다움은 두려움의 시작이라고 말하는 것은 바로 이를 가리키는 것이겠지요.[3] 때로는 통념적으로 사랑스럽거나 조화롭다고 여겨지지 않는 모습에서도 우리는 아름다움을 발견합니다. 이를테면 인생의 다양한 경험, 타인과 주고받은 사랑의 흔적이 엿보이는 노인의 얼굴

---

3 William Butler Yeats, 'Easter, 1916', *Poetry Foundation*, https://www.poetryfoundation.org/poems/43289/easter-1916

말이지요. 좀 더 나아가서는 폭력에 노출된 사람의 얼굴에도 아름다움이 있습니다. 아름다움에 관해서 말하는 게 쉽지 않은 이유 중 하나는, 감상에 빠질 위험이 있기 때문입니다. 아름다움이 일으키는 것은 우리가 따뜻한 연하장을 봤을 때 일어나는 기분 좋은 감정이 아니에요. 아름다움은 특정 순간을 통해 우리 앞에 있는 진짜, 우리와는 완전히 다른 무언가를 가리킵니다. 그 무언가는 그 순간 우리에게 완전히 새로운 인식을 요구하며 또 그러한 인식으로 우리를 초대하지요.

저나지 주교님의 말씀은 우리가 이야기했던 '관심'과 연결되는 것 같아요. 관심은 아름다움을 발견할 수 있게 하니 말이지요. 그리고 관심을 통해 아름다움을 발견함으로써 우리는 우리 삶의 불완전함을 깨닫고 불완전함을 끌어안으며 살아갈 수 있게 되지요. 그러한 면에서 이건 배움, 정의와도 관련이 있습니다. 또한, 불완전한 것에 대한 사랑은 우리가 이전에 이야기했던 전 지구적인 증언과도 연결되는 것 같아요. 다른 사람에 대해 증언한다는 건 그 사람의 가능성, 아름다움을 증언한다는 것을 뜻하니까요. 이 모든 것은 우리가 현실 세계에 단단히 붙어 있게 하면서도 우리가 아닌 것과 접촉하며 우리 자신을 성장할 수 있게 해줍니다. 이 과정에서 우리는 아무것도 빼앗기지 않아요. 그러한 면에서 채무 관계로 연결되는 경제와는 다르지요. 이런 교류는 '감사'를 바탕으로 이루어집니다. 이제는 사라져 가고 있는, 생명이라는 가치, 정의라는 가치의 교류라 할까요. 물론 저는 그렇지 않은 현실을 한탄하지는 않습니다. 과거를 미화할 생각도 없고요. 다만 우리에게는 아주 실질적인 차원에서 이런 교류가 필요합니다. 탐색 이야기를 빌려 말하면, 우리가 세계를 탐색하고, 세계와의 관계 속에서 우리의 위치를 탐색하는 과정을 이어가고 있음을 상기해 주는 자원이 필요해요.

윌리엄스　맞습니다. 그런 맥락에서 아름다움을 인식한다는 건 곧 충만함abundance을 알아차리는 일이지요. 내가 마주하는 무언가, 나를 마주하는 무언가가 존재가 충만하다 못해 넘치는 상태임을 아는 것, 메말라 닫혀 있지 않으며 과도할 정도로 넘치고 있음을, 나를 초대하고 있음을 아는 것입니다. 그 무언가는 내 눈에 보이는 부분, 내 귀에 들리는 부분, 내 이해에 잡히는 부분, 내가 대처할 수 있는 부분이 전부가 아니라고 선언합니다. 이를 배움과 연결한다면, '나'를 더 풍요롭게 할 수 있는 것, 내가 발견할 수 있는 것이 많이 남아 있다는 뜻이라 할 수 있겠지요. 무언가가 부족하고 점점 줄어든다는 인식에 스스로 갇혀 버리면 인간의 정신, 영혼은 병들고 맙니다. '타인에게 관심을 보일 만큼, 그들과 무언가를 나눌 만큼 나는 충분히 갖고 있지 않아.' 이렇게 생각하기 시작하면 여러 문제가 발생하지요.

저나지　맞습니다. 그렇게 되면 어떤 식으로든, 무엇이든 남에게 주고 싶어 하지 않기에 더 많은 문제를 낳게 되지요. 우리가 가진 자원을 나누든, 전에 얘기했듯이 올곧은 상태에 대한 감각, 타인과 타인의 궁핍을 인식하는 감각을 활성화한다는 의미에서 자선을 하든 말이지요. 이는 정의를 이해하는 다른 길이기도 합니다. 구체적인 형태를 띠고, 감각적이고, 일상적이고, 인간적인 것, 더불어서 비인간적인 것까지 이해하는 길이라고 할까요.

윌리엄스 일상의 '존엄' 혹은 '가치', 평범함의 중요성을 되새기는 것, 시간을 들여서 지켜보는 것, 이런 것들이 정말 중요하지요. 최근 우연히 어느 네덜란드 작가가 쓴 단편을 읽은 적이 있어요.[4] 소설에서는 한 작가와 라디오 방송 기자가 어떤 쥐잡이꾼을 인터뷰하기 위해 시골에 내려갑니다. 기자는 이 인터뷰를 통해 도시 생활과 시골 생활을 날카롭게 대조하고, 삶과 죽음을 둘러싼 긴장을 드러내는, 자신이 보기에 멋진 글을 쓰려는 꿍꿍이를 갖고 있습니다. 하지만 정작 쥐잡이꾼은 계속 쥐에 대해서만 이야기하지요. 쥐를 어떻게 잡고, 왜 잡아야 하는지, 네덜란드 제방에 서식하는 사향쥐가 어떤 습성을 갖고 있는지, 사향쥐가 어떤 면에서 위험한지, 계절마다 사향쥐의 털이 어떻게 바뀌는지, 독수리는 왜 죽은 사향쥐를 즐겨 먹는지 말입니다. 이야기가 계속 이런 식으로 흘러가자 기자는 녹음기를 꺼 버립니다. 지루

---

4 Maarten't Hart, 'Castle Muider', *The Penguin Book of Dutch Short Stories* (London: Penguin, 2016)

했기 때문이지요. 그가 원한 건 자신의 글에 필요한 '착상'이었습니다. 실제 쥐잡이꾼에게는 '관심'이 없었지요. 그렇게 이 탁월한 단편은 '나'의 '착상'에만 몰두하는 것의 문제와 '관심'의 중요성을 드러냅니다. 관심에 견주면 착상은 그리 중요하지 않아요. 사향쥐의 습성에 대한 이야기에 관심을 보이지 않으면 착상은 무가치합니다.

저나지   마음에 쏙 드는 이야기네요. 우리가 이런저런 상황에 반응할 수 있게 하는 건 일상의 미세한 부분들임을 알려 주니 말입니다. 어떤 위기 상황에 맞닥뜨리면, 누군가 고통받거나 죽는다든가 하는 상황이 우리 눈앞에서 펼쳐지면, 우리는 이런 상황에 반응할 수밖에 없어요. 그때 반응은 '관심'으로 이루어져야 합니다. 세부 사항을 살필 때, 그걸 해석할 수 있지요. 좀 더 깊은 방식으로 말입니다. 삶을 탐색하고 삶의 깊은 의미를 성찰할 때 영혼이 서로 연결되어 있다는 감각이 중요한 역할을 하지요.

윌리엄스   교육의 차원에서 우리가 추구해야 하는 것은 바로 관심을 기울이는 습관을 기르는 것, 일상을 제대로 바라보는 습관을 기르는 것이지요. 이건 생각보다 어려운 일입니다.

저나지   동의합니다. 예전에 어떤 택시 기사분과 대화를 나눈 기억이 떠오르네요. 라스베이거스 하비스트 음악 축제에서 총기 난사 사건이 일어난 직후였습니다. 당시 저는 여행 중이어서 사건에 대해 자세히 알지 못했던 상황이었지요. 택시 기사님은 미국의 총기 난사와 관련해 조사를 해 봤다고 하면서 몇 가지 수치를 이야기했습니다. 정확한지는 모르겠는데, 매년 미국에서 439,000명 정도가 자살하거나, 살해당하거나, 피격당해서 죽는다는 거였지요. 그 이야기를 듣고 나니, 두려움이란 언제나 바깥에서 기인한다고들 하지만 사실 타인을 향한 우리 자신의 무관심, 우리 자신의 경험을 향한 무관심이 폭력을 낳는지도 모르겠다는 생각이 들었습니다. 어떻게 보면 공포란 건 우리 자신의 삶 '안에' 있죠. 그런데 우리가 '테러'라고 부르는 것, 공포가 일으키는 담론은 언제나 다른 사람, 다른 문화를 향합니다. 우리 자신이 폭력으로 향하는 성향을 갖고 있다는 것에 대해서는 거의 이야기하지 않지요.

윌리엄스 달리 말하면, 우리는 다른 사람에게 주의를 기울이는 만큼 우리 자신에게도 주의를 기울여야 합니다. 다른 사람을 대할 때 가져야 할 인내심을 가지고, 뭐랄까, 거리를 두고 우리 자신을 대해야 하지요. 거리를 둔다는 말이 조금 받아들이기 어렵고 차갑게 들릴 수도 있을 것 같지만, 이를 묘사할 수 있는 적절한 단어가 없네요. '감정에 휘둘리지 않고' 대한다는 말도 딱 들어맞지는 않고요. 어쨌든 이 말을 풀어서 이야기하자면 자신이든, 타인이든 주의 깊게, 신중하게, 지레짐작하지 않고 바라보면서 '음, 나는 이렇게 보이는구나', '음, 저 사람은 이렇게 보이는 구나'라고 생각하는 거지요. 내 기분이 나아질지 나빠질지 같은 건 일단 생각하지 말고, 그냥 시간을 들여서 인내심을 가지고 나 자신을 바라보는 겁니다. 이건 다른 사람에게 관심을 기울이는 것만큼이나 어려운 일입니다. 하지만 둘은 연관되어 있지요.

저나지 맞습니다, 새로운 습관을 익히는 거지요.

윌리엄스 불교 특정 종파의 스승들도 이런 태도를 강조할 겁니다. 타인을 바라볼 때와 똑같이, 불교의 의미에서 '무심히' 자신을 보아야 한다고요. 어떤 일이 발생하는지 관찰하면서 이렇게 말하는 겁니다. "이런 일이 일어나는구나. 이런 일이 '생기'하는 군." '생기'는 불교에서 매우 중요한 용어입니다. "내 마음을 들여다보니 이런 반응이 나타나네. 좋아, 이제 천천히 신중하게 살펴봐야지" 하는 거지요.

저나지 그런데 이를 공공 담론의 언어로 옮기는 건 무척 어려운 일 같습니다. 우리가 옳아도 배워야 하고, 옳지 않아도 배워야 한다는 주교님의 이야기도 그렇고요. 이건 현실을 탐색할 수 있는 능력에 관한 논의라고도 할 수 있을 텐데요. 정작 중요한 현실, 외교의 장이나 일정한 책임을 지니고 정보를 수집하고 평가할 때 이런 능력은 거의 발휘되지 못하는 것 같습니다.

윌리엄스　몇 주 전 인질 협상 전문가의 강연을 들은 적이 있습니다. 그분이 이렇게 말하더군요. "오늘 강연에서는 말 그대로 생사가 걸린 문제를 맞닥뜨렸을 때 듣는다는 것에 대해 말씀드리려고 합니다." 그러면서 인질범이 하는 말을 들어야 할 때 어떤 전략을 사용하는지 이야기해 주었지요.

저나지　그 강연에서 얻으신 핵심적인 통찰이 무엇인지 알 수 있을까요? 듣기에 주목한다는 건 중요한 일이니까요.

윌리엄스　마음에서 사적인 의제를 지워 버리는 법, 주의를 더 기울이기 위해 우리 몸을 어떻게 사용해야 하는지에 대해 들었습니다. 강연 내용 전체를 요약하기는 힘든데, 그런 이야기들이 주된 내용이었지요.

저나지　폭력적인 행위가 자행되는 상황에 어떻게 반응해야 할까요? 어떻게 해야 그러한 상황 가운데서도 듣는 법을 배울 수 있을까요? 어떻게 보면 진부한 이야기로 들릴 수도 있겠지만, 행복과 사랑을 추구한다는 건 그런 것일 테니 말이지요.

윌리엄스　잠시 침묵하는 시간을 가져야지요. 곧바로 상황을 처리하려고, 곧바로 옳은 위치를 차지하려고 해서는 안 됩니다. 그럴 필요도 없고요. 위기 상황에 즉시 여기저기 명령을 내리면서 결단력 있는 인물처럼 보이고 싶어 하는 건 최선의 반응이 아닙니다. 사태를 들여다보는 사람, 아까 이야기한 것처럼 상황의 결을 손으로 더듬어 가는 사람, 무엇이 그 상황에 적절할지, 제대로 작용할지, 어울릴지 아는 사람이 필요하지요. 사랑에 바탕을 둔 관심과 올바른 인내가 필요해요.

제7장

믿음에 관하여

2019년 2월

저나지   주교님과의 대화도 이제 막바지에 이르렀네요. 이번에는 믿음에 관해 이야기하고 싶습니다. 이전 대화들에서 우리는 우리가 어떻게 여러 종교적 주제들과 덕목들을 물려받았는지 논의했고, 정의를 다룰 때, 세계를 탐색할 때 이런 것들이 도움을 줄 수 있다는 이야기도 나누었지요. 하지만 오늘날 공공 담론에서는 이를 잘 인정하지 않는 것 같습니다. 그렇다면 종교적 담론들이 지닌 유용성을 어떻게 끌어낼 수 있을까요? 종교를 내세우지 않으면서도 사람들 사이를 연결할 수 있는 '믿음'에 접근할 수 있는 다른 방법이 있을까요?

윌리엄스   제 생각에는 믿음은 세 가지 다른 차원에서 작동하는 것 같습니다. 우선 우리가 서로 연결될 수 있고, 서로를 이해할 수 있고, 우리를 둘러싼 환경을 이해할 수 있다는 믿음을 생각해 볼 수 있지요. 이는 우리가 함께 세계를 구성하고 나눌 수 있으며 헌신할 수 있다는 믿음과도 연결되어 있습니다. 이 모든 게 믿음을 바탕으로 한 행동이지요. 우리가 이해 가능한 질서에 참여하고 있다는 믿음, 우리를 둘러싼 환경은 일관성을 지니고 있기 때문에 의지할 수 있다는 믿음은 오랜 시간 인류가 행한 다양한 실천의 근간이 되었습니다. 물론 질서나 환경을 완벽하게 그려 내기는 힘들고, 아무런 변화도 없다고 이야기할 수는 없습니다. 하지만 어느 정도 일관된 흐름을 갖고 있음을 부정할 수는 없지요. 이는 달리 보면 우리는 우리의 편의에 따라 일어나는 일들에는 의지할 수 없음을 뜻하기도 합니다. 우리가 통제할 수 없고, 우리가 좋든 싫든 일어나는 일들이 있잖아요. 환경 악화는 그 대표적인 예라고 할 수 있겠지요. 사람들이 이런 근본적인 관점, 혹은 전망에 동의하든 안 하든 우리는 이미 이 전망 위에서 움직이고 있습니다.

'믿음'이 작동하는 두 번째 차원은 인간의 존엄성에 대한 믿음입니다. 이러한 믿음은 오늘날 인류에게는 보편적인 믿음으로 자리 잡았지요. 이러한 믿음을 거슬러 과거로 되돌아가려는 시도는 이제는 거의 상상할 수 없는 일이 되어 버렸습니다. 서구 사회는 물론이고 세계 다른 곳도 대부분 그렇지요. 좋든 나쁘든 이런 '서양'의 가치는 전 세계적으로 통용되고 있습니다. 사람마다 근본적으로 다른 가치를 지니고 있다거나, 다른 수준의 존중을 받아 마땅하다는 생각을 놓고 오늘날 사람들이 진지하게 논의하지는 않습니다. 노예제를 옹호한다거나 고문을 정당화하려는 사람은 상당한 고초를 겪겠지요. 다행스러운 일입니다.

그리고 이건 또 다른 믿음을 포함합니다. 바로 인간성에 대한 믿음이지요. 이러한 믿음 역시 다양한 종교적, 형이상학적 관점에 바탕을 두고 있습니다. 이러한 믿음은 우리가 인간으로서 공통으로 지닌 속성이 다른 인간에 대한 일정 수준의 이해를 가능하게 한다고, (이 말을 쓰기는 좀 꺼려집니다만) 공감을 가능하게 한다고 가정하게 해 줍니다. 다른 인간도 무언가를 느끼고, 욕망하고 고통받는 존재로 받아들이게 해 준다는 것이지요. 이러한 관점도 논쟁의 여지가 없는 것은 아닙니다. 유해한 관행들이 끈질기게 계속되거나 은근슬쩍 되살아나는 이 세계에서 이런 믿음은 아무런 생각도 하지 않고서도 당연시할 정도로 명백하지 않습니다. 여전히 이 세계 어딘가에서는 다양한 형태로 고문이 일어나고 있습니다. 이런 행위를 용납할 수 없다고 단정하려면 궁극적으로 다양한 종교적, 신화적, 철학적 전제에 뿌리를 둔 믿음이 뒷받침되어야 합니다. 이런 전제가 언제나 명백히 드러나지는 않지만 말이지요.

세 번째 차원은, 어쩌면 명확하게 드러내기가 가장 어려운 부분인데, 우리의 자유로운 행위가 의미가 있다는, 우리가 살아가는 하루하루가 의미가 있다는 믿음입니다. 우리는 자동 인형처럼 행동할 수 없습니다. 결정론이라는 세계관을 믿을 수 있다는 것은 역설적으로(여기에는 아주 많은 역설이 담겨 있지요), 결정론자처럼 행동하면서 살아갈지를 선택할 자유가 있음을 뜻합니다(결정론자처럼 행동한다는 것이 어떤 것이든 말이에요). 물론 실제로 그렇게 된다면, 끝없는 퇴보만 있을 뿐이라고 저는 생각하지만 말이지요.

저나지 흥미롭네요. 정의와의 관계를 생각하면 의미 있는 행동을 판가름하는 척도는 아주 복잡할 것 같은데, 놀랄 만큼 현실적이고 단순해 보이기도 합니다.

윌리엄스 아주 현실적이지요. 바로 그런 점에서 정의와 연관되고, 무엇이 인간을 향한 적절한 응답이냐, 의미 있고 일관성 있게 이런 응답을 명료화하려면 어떻게 해야 하느냐와 같은 물음과 연결됩니다. 무엇이 적절한 응답인지, 아닌지를 구별하는 것은 적어도 기본적인 부분에서는 어렵지 않아요. 도로에서 자동차가 보행자를 향해 돌진하면 우리는 당연히 운전자가 보행자에게 부적절한 행동을 하고 있다고 말할 겁니다. 어린아이가 낭떠러지를 향해 가는데 누구도 아이를 제지하지 않는다면 우리는 무언가 잘못되었다고 말할 거예요. 적절해 보이는 반응, 말이 되는 반응이 있고, 말이 되지 않는 반응이 있지요. 어떤 면에서 정의는 어떤 반응이 '말이 되는' 반응인지 알아차리는 감각에 뿌리를 두고 있다고도 말할 수 있습니다.

저나지 그 이야기도 흥미롭네요. 의미 있는 행동과 민감함 사이에 모종의 관계가 있다는 이야기 말이지요. 그런데 우리는 종종 민감하지 못하다고 할까, 적절한 것과 부적절한 것 사이에 있는 것, 언제나 뚜렷하지는 않은 것들에 대해서는 제대로 느끼지 못하는 것 같습니다.

윌리엄스 지난 수십 년 동안 우리 문화는 우리 말이 남들에게 어떻게 들릴지, 우리보다 덜 가진 사람들이 우리를 어떻게 받아들일지 주의해야 할 점들에 대해 더 많이 고려하는 방향으로 발전해 왔어요. 이 사실은 꽤 중요합니다. 어떤 이들은 미디어에 담긴 내용이 충격적일 수 있음을 사전 고지하는 문구에 코웃음 치고 요즘 청년들이 너무 유약하다고 비웃을 수 있지만, 어쨌든 우리는 그런 민감함의 측면에서 조금은 성장했다고 봅니다. 다른 사람에게 적절하게 응답하려면 어느 정도 상상력에 기반한 인식이 이루어져야 함을 배웠고, 그 사람들이 왜 특정 방식으로 응답하는지 이해하는 법도 배웠습니다. 이제는 이런 가르침을 완전히 무시하면서 행동할 수 없게 되었지요.

저나지 그 점은 확신하지 못하겠네요. 저는 우리가 그런 상상력을 충분히 훈련한 것처럼 보이지는 않습니다.

윌리엄스　일리 있는 지적입니다. 충분하다고는 할 수 없겠지요. 하지만 제가 주목하는 건 사람들이 타인을 새로운 방식으로 신경 쓰고 있다는 점입니다. 말할 때 누군가를 불쾌하게 하지는 않을까 염려하기 시작했고, 매체에도 "이 기사는 이러저러한 것들과 관련된 내용을 담고 있습니다" 같은 문구가 등장하기 시작했지요. 하나의 문화가 형성된 겁니다. 최근에 어떤 학생이 대학에서의 성gender 관계에 관해 쓴 글을 읽었는데, 앞에 이런 문구가 실려 있었어요. "이 글에는 성적 학대에 대한 언급이 담겨 있습니다." 개인의 차원에서, 그리고 사회의 차원에서 이런 점들을 얼마나 고려하고 있는지를 확언하지는 못하겠습니다만, 적어도 많은 사람이 이를 의식하고 있고 이런 부분에서 계속 성장하고 변화해야 한다는 데 입을 모으고 있다는 것은 분명해 보입니다. 그리고 이런 변화는 되돌릴 수 없으리라고 생각해요.

저나지　이것도 의미 있는 행동과 연관이 있을까요?

윌리엄스　저는 그렇다고 생각합니다. 내 말이나 행동이 다른 사람들에게 미칠 영향을 전혀 고려하지 않고 계속 말하고 행동한다면, 그건 다른 사람과의 의미 있는 상호 작용이라고 말할 수 없겠지요. 당신이 어떻게 생각하든 그건 내 알 바 아니라고 말하고 행동하는 건 다른 사람을 형해화形骸化하는 일입니다. 소통이 사라진 영역, 나눔이 없는 세계에서 살아가는 것이며 자포자기에 가까운 상태가 되는 것이지요.

저나지 믿음, 혹은 믿음에 관한 담론은 그런 것들을 알아보는 것과 연관이 있나요?

윌리엄스 맞습니다. 이 맥락에서 '알아본다'는 매우 적절한 표현입니다.

저나지 저도 그렇게 생각합니다. 그런데 조금 전에 이해 가능한 질서라는 이야기도 하셨잖아요? 우리가 함께 살아갈 수 있는 세계가 존재한다는 믿음에 대해, 또 '보편적인' 질서에 대한 믿음이 우리 모두 연결되어 있다는 느낌을 어떻게 낳는지에 대해 말씀하셨고요. 이에 관해 더 설명해 주시면 좋을 것 같습니다.

윌리엄스 간단히 말하면, 우리는 우리를 둘러싼 세계에 대해 일관된 방식으로 이야기할 수 있습니다. 이건 매우 놀라운 일입니다. 이 대목에서 데이비드 흄David Hume의 멋진 이야기가 생각나네요. 언젠가 그는 인과율 따위는 생각하지 않고도 행동할 수 있다고 주장하고 그 주장을 뒷받침하는 이론을 제시하는 사람이 있다면, 그 사람이 방을 나갈 때 문으로 나가는지 창문으로 나가는지 보자고 말했지요.

이런 점에서 오늘날 문화의 어떤 측면은 꽤 기이해 보입니다.

한편으로 우리는 과학적 세계관이 얼마나 탁월한지를 끊임없이 이야기하고 열광합니다. 그런데 인과율에 시간이라는 측면이 끼어들면 눈앞의 일 너머는 보지 못하는 모습을 보이지요. 환경 문제가 그 대표적인 예입니다. 자연에 인과율이 어떻게 작용하는지를 알려 주는 무수한 증거가 있어도 많은 사람이 "설마 그 정도로 나빠지지는 않겠지", "누군가는 해결하겠지", "그때 가서 생각하자"고 이야기하지요. 우리를 둘러싼 세계의 지속적인 일관성에 대해서 아무것도 모르는 것처럼 말이에요.

저나지   질서가 있고, 필요하다는 걸 알면서도 그 질서가 활성화되는 것을 가로막는 장애물이 있는 것 같네요. 증거가 있는데도 반응하지 않는 그런 경우처럼요.

윌리엄스   그 장애물의 배후에는 근본적으로 이런 생각이 자리잡고 있는 것 같아요. '설마 내 뜻이 정말로 좌절되겠어?' '설마 내가 원하는 걸 주지 않을 정도로 우주가 멍청하고 둔감하지는 않겠지.'

저나지   그런 생각은 자아도취라고 할 수도 없네요. 완전히 잘못되었습니다. 우리가 전에 이야기한 관심, 올바로 보기와 관련이 있는 문제 같네요. 지금 논의와는 약간 결이 다르지만 '풍요'에 대해 이야기해 보고 싶네요. 내가 원하는 걸 언제까지나 얻을 수 있다고 믿는, 이를테면 환경을 마음껏 이용할 수 있다고 믿는 그런 의미의 풍요가 아니라 세계가 계속해서 파괴되어 가는 상황을 달리 접근할 수 있게 해 주는, 그런 풍요에 대한 논의가 필요하지 않나 싶어서요.

윌리엄스 거대한 물음이네요. 저는 두 가지 그림이 풍요를 두고 충돌하고 있다고 생각합니다. 그리고 이는 세계와 인간의 관계에 대한 시선을 반영하지요. 한쪽에는 내가 세계에서 형성되고 자란 과정을 온전히 인식하는 그림이 있습니다. 이때 나는 물, 공기, 음식, 동물, 다른 사람들, 그 밖의 모든 것이 있기 때문에 나로서 존재함을 감지합니다. 정반대 쪽에는 인간을 자신에게 적대적인 환경 속에서 먹을 것을 찾아 헤매는 개인으로 보는 그림이 있습니다. 이때 '나'는 내게 필요한 것을 얻기 위해 환경을 쥐어짜고 음식의 재료들을 쟁취해야만 합니다. 첫 번째 그림에서 풍요란 인간이 언제나 세계에서 생명을 얻는 존재임을 깨닫고 이를 자연스럽게 여기며, 또 누리는 것이지요. 두 번째 그림에서 인간은 적대적인 자연에서 희소한 자원을 얻기 위해 다른 인간과 계속 경쟁해야만 하는 존재입니다. 이때 풍요란 경쟁에서 승리해 '나'에게 필요한 자원을 최대한 확보하는 것이겠지요.

저나지 첫 번째는 감사gratitude와 연결되겠네요.

윌리엄스 그렇습니다. 감사가 기본이 된다고 봅니다.

저나지 감사라는 건 정말 흥미로워요. 삶에 대한 단단한 태도를 형성하게 해 주니까요.

윌리엄스 저도 그렇게 생각해요.

저나지 그런 태도를 함양하려면 어떻게 해야 할까요? 어떤 면에서는 믿음과 비슷해 보이는데 말이지요.

윌리엄스 감사는 여러 가지가 흥미롭게 뒤섞인 태도입니다. 자신을 둘러싼 환경에 대한 감사는 세계가 이런 모습을 지니고 있다는 사실에 대한 경이와 놀람뿐만 아니라 나에게 주어지는 것들을 내가 누릴 수 있다는 안정감을 포괄합니다. 세계를 어느 정도 신뢰할 수 있으며 의지할 수 있다고 여길 때 기대를 담아 감사할 수 있지요. 철없는 낙관주의를 갖자는 게 아닙니다. 모든 사람이 자신에게 필요한 것을 언제나 쉽게 얻을 수 있다는 뜻도 아닙니다. 자원의 적절한 분배는 정말 중요한 문제고 정의와 관련된 문제에서 커다란 비중을 차지하지요. 하지만 우리는 생각해야 합니다. 우리가 이 세계를 바라볼 때 어떤 그림, 어떤 이야기를 가지고 보는지 말이지요. 주어지는 것을 누리는 데서 나오는 풍요와 상호 작용의 이야기인지, 생존과 경쟁에 골몰하는 이야기인지 말입니다. 감사는 이중의 경이에서 나옵니다. 한편으로 세계가 이런 모습이라는 것에 대한 경이, 다른 한편으로 태양이 매일 똑같이 떠오른다는 사실에 대한 경이 말이지요. 이 경이를 관조할 때 우리는 우리에게 계속해서 다가오는, 우리에게 무언가를 주는 실재를 감지합니다. 그 실재와 실재가 빚어내는 현실에 대한 경외가 감사지요.

저나지 사랑이라든가 신비와도 연결되는 것 같네요.

윌리엄스 바로 그렇습니다. 무언가가 계속해서 '다가오는' 세계에 살다 보면, 무언가 우리에 대해 주도권을 쥐고 있다는 생각을 어렴풋이 하게 되지요. 적어도 자연스럽게 그런 세계관이 형성되고요. 세계가 나아가는 어떤 흐름, 형태가 있고 그 안에서 내 삶과 내 행복은 자연스럽게 전체 그림의 일부를 이룹니다. 그리하여 우리는 우리 주변이 단순히 주어진 것들이 아니라 주는 과정으로 채워져 있음을 깨닫게 됩니다. 주어진 것들은 그 과정의 산물이자 선물이지요. 이렇게 주는 과정에 대한 감각, 그 과정에 내가 속해 있다는 감각은 종교의 가장 근본적인 요소 중 하나라 할 수 있을 것입니다.

저나지 '주어진 것'과 '주는 과정'을 구별하는 게 중요하다는 생각이 드네요. 그리고 주변이 주는 과정으로 이루어져 있음을 깨닿는 건 주교님이 말씀하신 의미에서의 풍요에 대한 감각을 가능케 하고 다른 사람들과 연결될 수 있게 하는 것 같습니다.

윌리엄스 맞아요. 우리 주변에는 그냥 사물들이 주어져 있는 게 아닙니다. 헤아릴 수 없이 복잡하게 얽힌 이 모든 체계가 언제나 일관성 있게 우리를 향해서, 우리가 있는 곳을 향해 다가오지요. 수천 년 동안 인간의 지성이 발전하면서 우리가 주는 과정에 속해 있다는 사실, 그 과정에서 선물을 받고 있다는 사실에 대한 경이가 오히려 사라져간다는 점은 저에게는 정말이지 이상하게 보입니다.

저나지 맞습니다. 자기 발등을 찍는 거라고 할까요.

윌리엄스 맞아요. 자기가 걸터앉아 있던 나무를 베어 버린 격이라고도 할 수 있지요. 그런 점에서 기계론적 세계관은 너무나 기괴합니다.

저나지 정신의 충만함에 대해서 잠깐 언급하시고 지나간 기억이 있는데요. 주고받는 것, 세계 속에서 살아가는 인간에게 필요한 개방성도 이와 연관된다고 볼 수 있을까요?

윌리엄스 그렇습니다. 정신은 단순한 문제 해결 장치가 아니에요. 이것도 제가 자주 생각하는 주제인데, 정신은 계속해서 스스로 새로운 물음을 만들어 내고, 자신이 해결하려고 고심하는 문제의 형태 자체를 바꾸는 상상력을 발휘합니다. 제가 예전부터 주장했습니다만 이게 바로 유기체와 기계의 차이지요. 기계는 그 기계에 딱 맞는 문제를 해결하기 위해 설계됩니다. 유기체는 문제를 직접 만들고 그 문제를 이렇게 저렇게 다루어 보지요. 스스로 조정하고 진화합니다. 물론 사람들은 "이제 기계도 그런 걸 할 수 있으며, 기계도 새로운 행동을 '배운다'"고 말하겠지만, 애초에 기계가 기계 외부로부터 주어진 문제를 해결하기 위해 만들어졌다는 사실에는 변함이 없지요. 여러 철학자와 이 주제로 논쟁해 왔지만, 여전히 이런 구별에 대해서 생각해 볼거리가 많다고 봅니다.

저나지 맞습니다, 기계가 스스로 어떻게 생각하는지에 대해서는 다양한 논의가 이루어지고 있지요. 저는 정신이 문제를 해결하는 것에서 그치지 않고 뜻밖의 경험을 만들어 내는 창조의 원천이라는 점에서 아름답다고 생각합니다. 이 과정에서 창조성과 예술이 중요한 역할을 하지요.

윌리엄스 이 지점에서 인간의 독특함을 구성하는 근본 요소 중 하나로 '즐거움'joy이 있다는 이야기를 하고 싶네요. 몇 년 전 교육 정책에 관한 정부 보고서를 읽은 적이 있습니다. 이해도 잘

안되고 지루하기만 한 글을 간신히 읽다 문득 침울해졌지요. 그 보고서는 어떻게 읽더라도 배움이 즐겁다는, 우리를 행복하게 한다는 근본적인 이야기를 하고 있지 않았기 때문입니다.

저나지 우리가 대화하면서 여러 번 되풀이한 주제 중 하나가 상상력을 기르는 것, 그리고 배움이 성장의 일부라는 것이었지요. 배움은 상상력, 창의력, 즐거움과 경이를 통해 이루어지고요.

윌리엄스 이건 인문학에만 해당하는 이야기도 아닙니다. 자연과학자들도 연구하고 배우는 과정에 즐거움이 있다고 말할 겁니다.

저나지 그걸 받아들여야 할 텐데요. 제 말은, 우리 모두 말입니다. 특정 학문 분과에 국한된 이야기는 아니지요. 우리가 지금까지 이야기한 신비와 상상력은 의미가 문학과 예술을 통해 우리에게 다가오는 방식을 이해하는 데 도움을 줄 것 같습니다.

윌리엄스 이런 이야기를 어떤 진화 생물학자가 듣는다면 이렇게 말할지도 모르겠습니다. 우리는 특정 행동에 대해 내적, 유기적 보상을 받도록 진화했기에 특정 행동을 하면 행복을 느끼게 되어 있다고 말이지요. 맞는 말인데, 그냥 고개만 끄덕이기에는 진화가 너무나 영리한 것 같습니다. 안 그런가요? 어째서 우리에게는 즐거움이라는 동기가 필요할까요? 기계는 그런 식으로 설계되지 않습니다. 문제 해결 과정에 즐거움을 느껴서 문제를 더잘 해결하도록 되어 있지 않지요. 즐거움을 느끼는 기계란 어떤모습일지 상상이 잘 안 됩니다.

저나지 재미있는 생각이네요. 즐거움을 느끼는 기계란 어떤 모습이려나요.

윌리엄스 그 문제는 인공 지능 전문가들에게 맡겨 두기로 하지요. 하지만 특정 행동에 대한 보상으로 엔도르핀이 방출되어 행복을 느끼는 것이라 해도 물음은 남습니다. 어째서 우리 인간은능동적으로 즐거움, 존재감, 경이를 느끼고, 무언가에 참여하고있음을 체감할 때 더 만족스러워하며 그 참여를 효과적으로 만들어 주는 체계 안에서 번성하는 것일까요?

저나지 쉽게 답할 수 없는 문제이기는 하지만, 믿음에 관한 담론들이 바로 그런 현실을 다루고 있는 것 같습니다.

윌리엄스 전통적인 인도 철학의 용어를 빌리면 존재, 지성, 행복이 모두 함께하는 활동, 기운이라는 생각을 바탕으로 이 문제를이해해 볼 수도 있겠지요. 저는 거의 모든 주요 종교 전통이 우리를 둘러싼 세계 전체의 본성을 이야기할 때 이런 수렴의 언어를 사용한다고 생각합니다. 표현이 얼마나 엄밀한지는 차치하고, 여러 사유 전통의 밑바탕에는 포괄적이며 능동적인 실재에 대한 근본적인 인식이 있지요. 그리고 이 실재는 참이고 지적이며, 스스로 즐거워하고, 자기를 있는 그대로 바라보는 것을 특징으로 합니다. 아리스토텔레스가 말한 '사유의 사유'noeseos noesis라든가, 힌두교의 '삿칫아난다'Sacchidananda(존재-지성-행복)라든가, 삼위일체는 하느님, 하느님의 자기의식, 하느님 안에서 일어나는 기쁨이라는 아퀴나스의 설명 모두가 이를 가리킵니다. 그리고 여기서 우리는 이 실재를 단순히 보기 위해 창조된 존재가 아니라 이를 즐기고 바라보고 참여하도록 만들어진 존재, 우리가 보는 것에 의해 변모되도록 창조된 존재라는 이야기가 나오지요.

저나지 맞습니다. 우리가 마주하는 것들에 의해 변모된다는 건 타자와 다른 세계관을 향한 개방성과 감사를 포함하기 마련이지요. 보고 변모된다는 것, 이 지점에서 지금 우리는 잘못된 방향으로 가고 있고요.

윌리엄스 맞습니다.

저나지 사람들이 그 관계를 제대로 이해하지 못하는 것 같습니다. 근데 주교님의 이야기를 듣고 보니 바라보는 것에 의해 변모되는 경험, 차이를 마주하는 경험은 아주 일상적이고 현실적인 일 같네요. 제가 여기 오는 길에 열차를 이용했는데, 어떤 여성이 아들을 데리고 탔더라고요. 아들은 젊은이인데 뇌성 마비를 앓는 듯했습니다. 아들은 아주 활기가 넘쳤어요. 주변 사물들과 사람들에게 끊임없이 관심을 보였지요. 문득 이런 생각이 들었습니다. '왜 우리는 항상 나 말고 다른 사람이 장애를 가졌다고 생각할까?'

윌리엄스 흥미로운 생각입니다. '장애'와 관련해서 우리는 제대로 사유하지 못하고 있다는 생각이 들어요. 어떤 '표준 인간' 같은 걸 상정한 다음, 사람들이 여기에 맞춰야 하고 여기서 벗어나는 사람은 문제시하는, 그런 경향이 있는 것 같습니다. 제 친구 중 아주 유명한 신학자가 있습니다. 그녀의 아들은 평생 심각한 학습 장애를 겪었지요. 그는 이제 성인이고요. 언젠가 그녀는 말했습니다. 아들을 돌보다 보니 아들이 아니라 자기가 '학습 장애'를 가진 사람임을 깨달았다고요. 그녀는 아주 친밀하고 자기 삶의 일부이기도 한, 그러면서도 자신과는 너무나 다른 삶이 어떤 것인지 상상하고, 그 삶을 이해하고, 적응하기 위해 평생 분투했습니다.

저나지 네, 바로 그거예요. 제가 열차에서 젊은이를 보고 든 생각도 그런 것이었습니다.

윌리엄스   엄마는 아들의 언어를 배워야 했던 것이지요.

저나지   의미 있는 행동, 응답, 받아들임에 대해 다시 생각해 보게 되네요. 납득할 수 없는 상황에 놓일 때 짜증만 내기보다는 '지금 내가 배워야 할 건 무엇일까?' 하고 물을 필요가 있습니다. 타인이 아니라 우리의 지각에 변화가 필요하다는 점을 깨달아야 하고요. 이건 정의와도 연관되는 것 같습니다. 엄연하고 냉정한 사실을 따지는 정의 말고 관심과 주의를 기울이는, 상호 작용 안에서 즐거움이 자라나게 하는 정의 말이지요.

윌리엄스   저도 말씀하신 부분에 관해 글을 쓴 적이 있습니다. 좀 더 좋은 설명은 제 친구 피비 콜드웰Phoebe Caldwell이 자폐에 관해 쓴 책에서 찾아볼 수 있지요. 그녀가 심각한 자폐 스펙트럼 증상을 보이는 청년과 작업한 영상도 있습니다. 영상에서 콜드웰은 한동안 그의 '리듬', 그의 독특한 행동 양상과 의사소통 방식을 가만히 듣고 지켜보기만 합니다. 그러다 아주 조심스럽게, 그에게 적절한 방식으로 일종의 메아리 같은 반응을 보여요. 며칠에 걸쳐서 촬영된 영상 마지막에 이르면 젊은이는 웃고 있습니다. 인식이 즐거움을 낳은 것이지요.[1]

---

1 JKPVideos, 'Autism and Intensive Interaction – A New Training DVD from Phoebe Caldwell (dip)', YouTube, uploaded 18 August 2010, https://www.youtube.com/watch?v=OhnaPJw_Wh8

저나지 제가 열차에서 만난 모자도 그랬습니다. 그들은 즐거운 시간을 보냈고, 아들은 행복해 보였어요. 어머니가 의사소통하는 방법을 발견한 덕분에 그들은 상호 작용하면서 참된 즐거움을 누리고 있었습니다. 참된 사랑이었어요. 관심과 인식, 자신에게 익숙한 시야와 현실을 벗어나는 일은 바로 이런 식으로 의미 있는 행동과 연관되는 것 같습니다. 믿음에 관한 이야기들과도 연결되고요. 이를 세속적인 언어로 말하면 새로운 습관을 함양하는 것이라 할 수도 있겠지요. 지난번에 사향쥐가 나오는 단편을 읽었다고 말씀하신 적이 있지요? 어떤 기자가 도시 생활과 시골 생활의 갈등을 취재하려고 했는데 정작 인터뷰에 응한 남자는 사향쥐 이야기만 했다는 소설이요. 소설이 암시하듯 우리는 정말 중요한 것들에 충분한 관심을 기울이지 않는 것 같습니다. 그리고 결과는 역설적이지요. 누군가 타인과 세계에 대한 관심을 버리고, 자기에게만 골몰하면 세계는 더 그를 압박합니다. 그에게 세계는 더 힘겨운 존재로 보이게 되지요.

윌리엄스 전에 이야기했던 시간의 흐름에 대한 감각과도 어느 정도 관련이 있겠지요. 희소성, 풍요와 연관되기도 하고요. 우리는 시간이 아주 희소한 상품인 것처럼 생각하고 행동하는 경향이 있습니다. 최대한 시간을 짜내 최대의 가치를 창출하려 하지요. 이런 관점에서 다른 사람, 다른 사물의 양상과 리듬을 배우기 위해 시간을 들이는 건 낭비처럼 보일 수밖에 없습니다.

저나지 모든 일에는 시간이 걸리는데도요. 배우는 데도 시간이 걸리지요.

윌리엄스 맞습니다. 배우는 데는 시간이 걸리지요. 첼로를 4주 만에 숙달할 수는 없습니다.

저나지 살아가는 방법을 4주 만에 배울 수는 없지요. 삶은 계속해서 나아가는 여정이고 상상력과 기술, 훈련이 필요하니까요. 상상력과 예술에 관한 이야기를 다시 한번 해 볼까요? 저는 최근에야 메릴린 로빈슨의 『길리아드』를 읽었습니다. 풍요, 시간의 흐름을 너무나도 잘 그린 작품이더군요. 주교님과 로빈슨이 나눈 대담도 영상으로 보았습니다. 그런데 로빈슨은 플래너리 오코너를 그리 좋아하지는 않는다고 말하더군요?

윌리엄스 맞습니다. 그 대담에서 제가 동의할 수 없었던 유일한 부분이었지요(웃음).

저나지 이유를 어느 정도는 알 것 같습니다. 로빈슨은 참된 의미의 온화함에 관심이 있잖아요. 잘 선별된 단어들, 매끄럽게 다듬어진 문장에서, 소설 전체를 아우르는 감사에 대한 감각에서 온화함을 느낄 수 있습니다. 이와 달리 플래너리 오코너는 다른 방식, 독자를 불편하게 하는 데, 그리고 당혹스럽게 하는 데 관심이 있지요. 둘 다 탁월한데도 세계를 이해하고 상상력을 펼치는 방식이 이렇게 다를 수 있다는 점이 흥미로웠습니다.

윌리엄스 그건 메릴린 로빈슨과 플래너리 오코너의 차이일 뿐만 아니라 톨스토이와 도스토옙스키의 차이 같기도 해요.

저나지 흥미로운 의견이네요.

윌리엄스 '우리는 세계의 복잡성에 어떻게 적절하게 대응할 수 있을까?'라는 물음에 톨스토이는 답합니다. "잠깐 멈추어 보세요. 조금씩, 조금씩 세계가 어떻게 펼쳐지는지를 봅시다. 거대하고 우주적인 사상을 그리는 건 멈추고 소소한 장면을, 이 사람이 자라는 모습을 보십시오. 그가 어떻게 성장하고 변화하고 교훈을 얻고 중대한 실수를 저지르고, 또다시 앞으로 나아가는지 보십시오." 그는 거대한 드라마나 충격적인 사건이 아닌, 특정 지역에서 느리게, 작은 규모로 일어나는 소소한 사건들을 애정 어린 시선으로 그려 냅니다. 그 광경을 바라보며 독자는 독자 자신에게서 빠져나오게 되지요. 『전쟁과 평화』War and Peace가 위대한 소설인 이유는 이 때문입니다.[2] 물론 이 작품에는 거대하고 웅장한 장면도 있고 다소 난잡한 철학적 성찰을 담은 장들도 있습

---

2 Leo Tolstoy, *War and Peace* (New York: Vintage Classics, 2007) 『전쟁과 평화 1,2,3,4』(민음사)

니다. 하지만 『전쟁과 평화』를 읽는 사람의 기억에 남게 되는 건 나타샤의 첫 무도회 장면, 사냥개의 시선을 빌려 사냥을 그린 장면, 피예르와 카라타예프의 대화 장면 같은 부분들이지요. 이런 인물들의 대화와 상호 작용을 통해 독자는 다른 누군가의 세계에 들어가게 되지요. 좀 더 나아가서는 다른 세계로 들어간다고도 할 수 있을 겁니다. 이게 톨스토이의 방식이지요. 메릴린 로빈슨의 방식도 이와 유사합니다.

이와 달리 도스토옙스키와 플래너리 오코너는 말합니다. "당신은 제멋대로인 환상과 자기밖에 모르는 세계관에 갇혀 있습니다. 그 안락함에서 벗어나려면 세차게 한번 걷어차일 필요가 있습니다. 세계가 당신 맘대로 되지 않는다는 걸 깨달으려면 충격 요법이 필요합니다." 그래서 둘은 세계의 충격적인 모습, 극도로 불편하고 혼란스럽고 도저히 공감하기 어려운 세계의 모습을 제시하지요. 도스토옙스키의 『악령』을 떠올려 보세요. 어떤 남자가 자살하려는 열 살 소녀를 문틈으로 엿봅니다. 그는 며칠 전 그 소녀에게 성범죄를 저질렀지요. 이런 걸 도대체 어떻게 이해할 수 있나요? 공감이 되나요? 플래너리 오코너의 「좋은 사람은 드물다」는 또 어떤가요. 어떤 남자가 무심한 태도로 숲에서 한 가족을 살해합니다. 아기까지 전부 말이지요. 이 가족은 길을 잘못 들었을 뿐이에요. 하지만 우연히 그 잘못 든 길에서 볼품없지만 냉혹한 범죄자들을 만납니다. 이러한 사건을 그림으로써 오코너는 말합니다. "이제 당신은 안일한 상태, 무해해 보이는 보금자리에서 나와야 합니다."

저나지 두 가지 접근 방식은 매우 다르군요.

윌리엄스 매우 다르지요. 하지만 둘 다 우리에게 세계를 바라보는 시각, 관습화되고 딱딱하게 굳어져 버린 시각을 깨고 나오라고 요구합니다.

저나지 의미 있는 행동, 믿음의 행동에 대해 이야기한다고 볼 수 있겠네요.

윌리엄스 맞습니다. 같은 맥락에서 그들의 글은 그 자체로 믿음의 표현이라 할 수 있지요.

저나지 메릴린 로빈슨의 작품을 읽을 때는 저도 모르게 천천히 숨을 고르게 되더군요. 잠시 멈추고 휴식을 취하게 해 주는 것 같았어요. 충격을 주고 독자를 일상적인 습관 바깥으로 내치는 도스토옙스키의 작품과는 다른 종류의 아름다움을 느꼈지요. 주교님과 이야기를 나누었던 '삶을 가지런히 하기', '올바로 보기'와 같은 의미에서의 정의, 그러한 정의와 아름다움의 관계가 떠올랐습니다.

윌리엄스 어떻게 보면 메릴린 로빈슨과 도스토옙스키 작품 모두 우리가 일상에서 보고 응답하는 방식이 가지런히 되어 있지 않음을, 혹은 어딘가 어긋나 있음을, 다시 가지런히, 재배열해야 함을 깨닫게 해 주지요. 그리고 이들의 작품은 우리에게 우리가 통상적으로 느끼는 것과는 매우 다른 즐거움과 만족감을 선사합니다. 그들은 근본적으로 '삶을 가지런히 하는 것, 재배열하는 것'에 관해 이야기하고 있습니다. 오코너나 도스토옙스키의 관점이 우리에게 안기는 도전은 성스러운 실재가 우리에게 무언가를 주는 방식, 우리 삶에 침투하는 방식은 때로는 폭력적으로 느껴질 수 있다는 것, 그리고 폭력적인 이야기가 이를 가장 잘 표현할 수 있다는 것입니다. 우리는 편안한 세계에 익숙해져 버린 나머지 그런 방식이 몹시 '거슬리게' 다가오는지도 몰라요. 하지만 혼란을 위한 혼란은 결코 아닙니다. 도스토옙스키든 오코너든 우리를 오싹하게 만드는 것 자체가 목적은 아니에요. 그들은 은총이 작용하는 방식을 정말로 알려 한다면 게으르고, 부패하고, 안온하고, 이기적인 우리의 세계, 혹은 그런 세계에 살고 싶어 하는 우리에게 커다란 충격이 필요하다고 이야기하는 것입니다. 동시에 이렇게 묻지요. "당신에게는 이러한 세계를 정직하게 볼 수 있게 해 주는 원천이 있습니까? 당신의 세계관은 이러한 세계를 마주하고도 절망에 빠지지 않을 수 있습니까?" 준엄한 물음입니다.

저나지 우리가 항상 마주치는 물음이기도 하고요. 이 작가들은 은총의 가능성도 다른 방식으로 포착해 내는 것 같습니다. 도스토옙스키도, 오코너도 우리에게 그러한 차원의 진실을 보여 주고 우리는 이를 배우지요. 이와 달리 메릴린 로빈슨은 인간의 잠재력을 보여 주는 것 같아요. 그래서 신선하게 다가왔는지도 모르겠습니다.

윌리엄스 달리 말하면, 로빈슨은 은총이 다가왔을 때 그것이 어떤 느낌인지를 이야기합니다. 이에 견주면 오코너와 도스토옙스키는 은총을 감지하지 못하거나, 은총에 맞서는 것이 어떤 느낌인지 그리고 그 대가는 무엇인지를 이야기하지요.

저나지 사람들과 삶을 향한 의미 있는 행위의 일상성에 대해서도 말하고 있는 것 같아요.

윌리엄스 그 부분에서는 톨스토이와 로빈슨이 탁월하지요. 그들의 작품은 눈앞에 있는 평범한 사람들과 그들의 삶 안에 스며 있는 반짝이는 빛을 보여 줍니다.

저나지 우린 너무나도 자주 그런 것들의 가치를 알아보지 못하고, 그런 경험, 아름다움을 놓쳐 버리지요.

윌리엄스 톨스토이는 『전쟁과 평화』를 어떻게 마무리할지 몰라 긴 시간 고심했습니다. 의미심장한 부분이지요. 결국 그는 이야기의 가닥들이 한데 모이는 결말을 내지 않고, 기나긴 이야기를 통해 독자가 깊이 알게 되고 사랑하게 된, 상호 연결된 가문들의 삶을 보여 주는 방식으로 이야기를 마무리합니다. 마지막 부분에서는 어린아이가 잠자리에 드는 장면이 제시되지요. 어떤 면에서 『전쟁과 평화』다운, 완벽한 결말이라 할 수 있습니다. 톨스토이가 책장을 덮고 독자들을 바라보며 이렇게 말하는 것 같거든요. "모두 이해했지요? 자, 이제 살아갑시다." 적어도 이 지점에서 그는 우리에게 거창한 '교훈'을 주려 하지 않습니다. 물론 『전쟁과 평화』 중간중간 톨스토이는 우리에게 교훈을 전하려는 욕망을 절제하지 못합니다. 설익은 형이상학적 사유를 늘어놓지요. 안타까운 일입니다. 전체적으로는 현명하지만 말이에요.

저나지 맞아요. 우리 일상에서 거창한 교훈을 얻을 수 있는 경우는 별로 없습니다. 대부분의 경우 관심과 인내, 상황에 대한 응답의 중요성을 상기시켜 줄 뿐이지요.

윌리엄스 부끄럽지만 최근에야 처음으로 잉마르 베리만Ingmar Bergman의 《산딸기》Wild Strawberries를 보았습니다.[3] 관객은 무언가

---

3 Ingmar Bergman (dir.), *Wild Strawberries* (Stockholm: Svensk Filmindustri(SF Studios), 1957)

사건이 일어나기를 계속 기대하지만, 영화는 그렇게 흘러가지 않지요. 바로 그 점이 인상적이었습니다. 말하자면 상당히 톨스토이적인 영화인 거지요.

저나지　제가『길리아드』를 좋아하는 (또 다른) 이유이기도 하네요. 거의 아무 일도 일어나지 않는 것처럼 보이거든요.

윌리엄스　거의 아무 일도 일어나지 않지요. 꼭 그럴 필요가 있나요?

저나지　없지요. 우리의 삶을 실제로 채우고 있는 것은 일상성이니까요. 의미 있는 행동이 무언가를 일어나게 하는 거고요.

윌리엄스　아이리스 머독의『선의 군림』을 처음 읽었을 때가 떠오르네요. 도덕적 변화란 게 어떻게 일어나는지 서술한 내용이 인상 깊었다고 전에 말씀드렸지요? 시어머니가 며느리에 대한 생각을 바꿔 가는 과정을 설명한 부분이요.

저나지　네, 기억나요.

윌리엄스　머독이 이렇게 말하는 것 같아요. "여기서 무슨 일이 일어났나요?" 어떻게 보면, 아무것도 달라지지 않았습니다. 하

지만 어떻게 보면, 모든 것이 달라졌지요. 세계, 보고 느끼는 세
계가 달라졌으니까요.

저나지 맞습니다. 세계의 진짜 변화는 그런 모습이지요. 큰 변
화는 없지만, 모든 것이 이전과 다르게 가지런히 놓이게 됩니다.
이전에 공적 영역에서 취약성을 인정하는 일에 관해 이야기한
적이 있지요? 개인의 취약성만이 아니라 정치적 취약성까지 포
함해서요. 그리고 주교님은 우리의 무력감을 인식할 필요에 대
해 말씀하셨지요. 최근 호메로스의 『일리아스』와 『오뒷세이아』
를 다시 읽고 시몬 베유의 「일리아스 또는 힘의 시」도 함께 읽었
는데, 베유는 힘과 권력을 놓고 다투는 게임에서는 누구도 승자
가 아니라고 주장하더라고요.

윌리엄스 맞습니다. 세계가 본질적으로 권력과 권력이 경쟁을
벌이는 각축장이라면, 누가 그 경쟁을 규정할 권리를 갖느냐만
이 유일하게 중요한 문제가 됩니다. 여기에는 이미 상실이 내재
되어 있습니다. 세계를 승자와 패자만 있는 경기로 본다면, 권력
이 있든 없든 내가 할 수 있는 일은 내 뜻을 세계에 새기는 것밖
에 없지요. 다른 사람의 뜻은 신경 쓸 필요가 없고요. 이 과정에
서 나는 기이하게도 나에게 주어지는 선물, 누군가를 짓밟지 않
았다면 그에게서 받았을 선물, 혹은 누군가를 짓밟는 동안에도
그에게 받고 있는 선물, 이런 길을 택하지 않았을 때 마주할 수

있는 미래, 권력 게임에 갇히지 않는 인격을 잃어버리고 맙니다. 그런 의미에서 권력은 본질적으로 비극적이고 커다란 대가를 수반하지요. 힘이나 권력을 행사할 때 우리는 이런 대가에 대해 생각해야만 합니다. 이 맥락에서 제 선생이었던 도널드 매키넌 Donald MacKinnon은 웰링턴 공작Duke of Wellington 이야기를 즐겨 인용하셨지요. 어느 날 한 사람이 공작에게 워털루 전투 승리는 정말 경이로웠다고 이야기하자 공작은 이렇게 답했습니다. "승리는 세상에서 가장 비극적인 일이오. 패배를 제외하고." 그는 승리를 거둔 전장이 실제로 어떤 모습인지를 알기에 이런 말을 했겠지요.

저나지 이건 폭력의 문제와 연관되는 문제이면서 은총의 문제와도 연관되는 것 같습니다. 그렇다면 믿음과도 연결될 수 있겠지요? 이 믿음이 꼭 종교적 믿음이 아니라 해도 말입니다. 권력 없음powerlessness의 가능성을 성찰하는 능력으로서의 믿음이라고 할 수 있을 것 같네요.

윌리엄스 '권력 없음'이라는 말에는 의문의 여지가 있습니다. 이건 일종의 이분법을 전제하는데, 제가 말하고 싶은 건 그런 이분법에서 한 걸음 벗어나는 것이니까요.

저나지 그렇게 생각할 수 있겠네요.

윌리엄스 시몬 베유가 말했듯, 끊임없는 폭력의 순환에서 한 걸음 떨어져 있는 사람은 "네가 나에게 상처를 입혔으니 나도 너에게 상처를 입힐 거야. 그러면 너는 다시 나에게 상처를 입히겠지. 그러면 나는 다시 너에게 상처를 주겠어"라고 외치는 세계, "네가 나에게 상처를 입혔으니 나는 저들에게 상처를 입힐 거야"라고 외치며 폭력을 전염시키는 세계에서 은총이 실현될 가능성을 마련해 줍니다. 베유는 우리는 이런 폭력에 대한 강박에서 한발 물러나 물음을 처음부터 재구성해야 한다고 이야기하지요.

저나지 베유는 정의에 대해서도 그런 방식으로 생각하지요. 누군가가 다른 사람에게 해를 입히는 문제, 다른 사람에 대한 권리나 자격을 가지는 문제를 다루면서, 정의의 문제란 근본적으로 고통받는 사람의 울부짖음, 우리가 귀 기울여 마땅한 울부짖음의 문제고 '권리'나 자격 문제 바깥에 있는 것이라고 이야기합니다. 이 지점에서 사랑과 정의에 관한 물음들이 함께 논의될 수 있겠지요. 갑자기 든 생각인데 왜 국가의 차원에서는 이 울부짖음을 듣지 못할까요? 왜 그런 목소리들이 묻히는 걸까요? 무엇 때문에 이런 일상의 담론이 공적 영역에서 실천적 담론으로 이어지지 못하는 걸까요?

윌리엄스 이상한 일이지요. 그렇지요?

저나지 정말 이상합니다.

윌리엄스 요즘 공공 담론에는 비현실적인 이야기들이 횡행합니다. 그런 주장들이 점점 더 힘을 얻고 있지요. 과장이 심해지고 있습니다. 최근 백악관에서 늘어놓는 말처럼 뻔한 거짓말만 해당하는 이야기가 아닙니다. 브렉시트 문제를 두고 정치적 교착 상태에 놓인 영국에서 오가는 발언들도 그래요. 우리가 유럽연합에 남아야 한다고 생각하든 아니든 간에, 브렉시트가 모든 문제에 대한 해답인 것처럼 묘사하는 이야기들은 현실에 아무런 도움도 되지 않습니다. 거기에 무슨 단서를 달려고 하면 반역자로 낙인찍는 경향도 심히 염려되고요.

저나지 안타까운 일입니다. 그런 비현실적인 이야기들이 힘을 얻고 있는 상황이요. 이건 더 깊은 차원에서 사람들이 서로 연결되는 문제와도 연관이 있는 것 같습니다. 그래서 믿음에 관한 이야기들에 관심이 생겨요. 일상에서 우리 모두에게는 의미 있는 상호 작용에 대한 갈망이 있다고 생각합니다. 이를 의식하든 의식하지 못하든 말이지요. 그렇다면 이걸 정치의 언어로 어떻게 번역해야 할까요?

윌리엄스 우리는 이미 모두, 나름의 방식으로 의미 있는 행동에 일정한 투자를 하고 있지요.

저나지 그런데 공적 담론에서는 그와 관련된 물음이 사라져 버리지 않았나요? 어째서 그런 식으로 틀이 (이 말이 적절한 말이라고는 생각하지 않지만) '나쁘게' 되었는지 모르겠습니다. 왜 그런 문제들을 다루지 못하게 된 걸까요?

윌리엄스 지난 몇 년 동안 여기저기서 해 온 이야기를 반복할 수밖에 없을 것 같습니다. 우리 삶에서 여태껏 주목받지 못하고 남아 있는, 하지만 지역의 차원에서 실제로 중요한 부분, 참된 의사 결정이 일어나야 하는 영역으로 시선을 돌리는 것이 정말 중요해요. 여기에 더 많은 관심을 쏟을 필요가 있습니다. 그렇게 해서 함께 결정한다는 것이 무엇인지를 배워야 하지요. 타협을 거쳐 결정을 내리는 과정에서 멀어질수록 우리는 비현실적인 방식, 절대적인 옳고 그름을 나누는 방식으로만 이야기하게 됩니다. 우리는 벌써 그런 방식에 익숙해졌고요. 우리는 더 많이 듣고 더 많이 노력해야 합니다. 나와 의견을 달리하는 사람이 사라져 버리는 일은 결코 일어나지 않습니다. 우리는 공동의 문제를 마주하고 있고 그 문제의식을 공유할 수 있어야 해요. 우리는 이렇게 말할 수 있어야 합니다. "나는 이 사안에 어떻게 기여할 수 있을까? 그리고 나와 의견이 다른 저 사람은 이 사안에 어떻게 기여할 수 있을까? 우리에게는 어느 정도의 시간이 필요할까?" 최근 몇십 년 동안 우리는 학교 운영 위원회, 지역의 교통 규제에 관한 토론회 같은, 이런 과정을 실제로 훈련할 수 있는 사회 활동을 경시해 왔습니다. 저의 이런 생각은 윌리엄 모리스William Morris의 협동 사회주의cooperative socialism로부터 이어받은 것이라고도 할 수 있겠네요.

저나지 저도 학생들을 가르치면서 그런 경험을 합니다. 학생들에게 문제를 해결할 시간과 공간을 제공하면 다들 해냅니다. 물론 항상 그러는 건 아니지만요. 제 말은, 당연히 서로 의견의 차이가 있지만, 그런 시간과 공간이 주어질 때 함께 생각할 수 있는 기회, 생각에 대해 생각할 수 있는 기회를 얻게 된다는 것이지요.

윌리엄스 타자는 사라지지 않는다는 엄연한 사실, 어색하고 마음에 안 드는 저 이상한 현실을 눈앞에서 치워 버릴 수는 없다는 사실을 받아들이는 것도 그런 생각과 연결되지요.

저나지 그런 이유로 전 지구적 증언이 중요한 거고요. 지구 저편에 있는, 혹은 저편에서 온 낯선 사람은 사라지지 않으니까요.

윌리엄스 이민자들이 올 수 있는 문을 닫아걸어서 해결되는 것은 아무것도 없습니다. 단기적인 문제조차 해결하지 못하지요. 오히려 단기적인 문제를 만들어 낸다고도 할 수 있습니다. 영국은 이주 노동자들에게 크게 의존하고 있으니까요. 하지만 우리는 취약한 처지에 놓인 사람들, 삶의 터전을 잃고 신분이 불안정해진 사람들에게 가혹한 폭력을 가하는 세상에 살면서 안온한 현실에 안주해 왔습니다. 우리가 손가락으로 귀를 틀어막고 외면하는 한, 그런 폭력은 결코 멈추지 않겠지요.

저나지 어떤 이야기로 마무리하면 좋을지 고민이네요. 함께 나누고 싶었던 주제는 이제 모두 이야기한 것 같습니다.

윌리엄스 결국 우리가 나눈 모든 이야기는 당면한 현실을 올바로 보고 받아들일 수 있는 균형점point of balance을 발견하기 위한 노력이라고 해야겠지요. 그 균형점이란 게 너무나 미묘해서 결코 찾기 쉽지 않지만 말입니다. 우리는 수동적인 태도, 체념이 아니라 능동적이고 정직한 태도, 상냥한 호기심을 가지고 현실을 보아야 합니다. 지금 정직하게 보았을 때 보이는 세계, 내게 다가오는 세계를 받아들인 다음, 그 세계와 조화롭게 노래하기 위해 세계를 파괴하거나 일그러뜨리지 않고 변모시키는 방향으로 내 목소리를 더하려면 어떻게 해야 할지 고민해 보아야 하지요.

저나지 소유하는 게 아니라 말이지요.

윌리엄스 바늘 끝만큼이나 좁은 지점, 시몬 베유가 올바른 균형

just balance이라고 부른 그곳에 우리는 서야 합니다. '올바른 균형'은 피터 윈치Peter Winch가 시몬 베유에 관해 쓴 책의 제목이기도 하지요.[4]

저나지   우리가 모든 것을 알 수 없다는 신비야말로 우리의 정신, 창조성과 상상력, 정의의 바탕이라는 점도 짚어 두고 싶네요.

윌리엄스   신비란 "더는 알려고 하지 마십시오"라는 경고 문구가 새겨진, 닫힌 문이 아닙니다. 오히려 신비란 미래, 의미 있는 미래와 연결되어 있지요. 우리를 놀라게 할 무언가가 있는 미래 말입니다. 이런 의미에서 신비를 믿는다는 것은 아주 명백하게 미래 지향적인 태도입니다. 신비란 우리에게 더 성장할 여지가 있다는 기쁜 소식이에요.

저나지   그런 신비에 대한 견실한 믿음이 필요합니다. 이런 미래 지향적 태도는 우리가 현재를 살아가고 배울 기회를 주지요. 그와 동시에 다가오는 것들을 소중히 여길 수 있는 힘도 주고요. 이것이야말로 참된 희망입니다.

---

4   Peter Winch, *Simone Weil: The Just Balance* (Cambridge: Cambridge University Press, 1989)

나가며

우리의 대화는 희망에 관해 물으며 마무리되었습니다. 지금까지 나눈 이야기들을 마무리하는 것으로 이 질문 외에는 다른 질문이 떠오르지 않았다고 말할 수도 있겠지요. 하지만 우리가 나눈 이야기 전반에 일관되게 (노골적이지는 않지만, 꽤 꾸준히, 그리고 분명하게) 흐르는 흐름이 하나 있다면 희망은 우리가 몸을 지니고 시간을 살아가는 생명체로서의 인간이라는 사실과 관련이 있다는 것입니다. 우리는 어떤 관념적인 세계, 즉 시간이 없으며 그렇기에 변화도 없는 세계에 살고 있지 않습니다. 어떤 관념과 주장을 명확하게 한다고 해도 우리는 그 관념과 주장을 따라 움직이지 않습니다. 우리의 행동을 지배하는, 시간을 초월하는 규칙은 명확하게 할 수도 없고, 이를 강제할 수도 없습니다. 우리는 우리 자신을 특정 시간과 공간 안에 있는 존재로 볼 수밖에 없습니다. 우리는 지금 여기를 살아가며 특정 언어로 말하고, 특정 지역의 풍경에 물든 채 특정 지역에서 나오는 이야기들을 듣고 익힙니다. 우리가 성장하는 방식이 그렇기에, 우리는 우리가 속한 특정 지역 문화에 친밀감을 느끼고 충성심을 갖습니다. 이런 식으로 살지 않는 인간을 상상하기란 매우 어려운 일이지요. 이런 맥락에서 우리는 어떤 존재를 인간으로 여기는지, 우리를 인간으로 만드는 인간성의 특징에는 무엇이 있는지를 숙고해야 합니다.

타인과 대화를 이어 나가는 법, 관계를 유지하는 법을 익히는 것은 시간이 흐르는 와중에, 우리도 모르게 육체와 정신에 새겨진 단서들을 파악하고 이해해 가는 과정이라 할 수 있습니다. 최근 의료계에서는 인공 지능을 활용해 우리의 의학적 상태를 '빨리' 진단할 수 있게 하려 노력하고 있습니다. 언론에서는 한편으로는 그 가능성을 진단하면서도 한계를 지적합니다. '긴 시간'에 걸친 인간의 진단을 제거하면 그만큼 위험이 따르기 때문이지요. 의사는 일정 시간에 걸쳐 환자와 이야기를 나누며 상호작용하는 가운데 환자와 연결됩니다. 그리고 이러한 연결을 위해 그는 자신의 정제된 지식과 능력을 활용하지요. 의사가 환자와의 긴 시간 만남을 통해 무의식적으로 갖게 되는, 그러나 비공식적이고, 입증되지 않은 얇은 공식적인 의료 지식과 더불어 환자의 상태에 대한 좀 더 포괄적인 그림을 그릴 수 있게 합니다.

최근에는 이른바 과학기술을 이용해 인간의 정신적, 육체적 성질과 능력을 '개선'하려는 트랜스 휴머니즘, 포스트 휴머니즘

이 인기를 끌고 있고 어떤 이들은 이런 운동이 우리를 구원해 줄 것이라는 환상을 갖기도 합니다. 전기 자동차에 일정 정보를 주입하면 그 기능을 개선할 수 있듯 말이지요. 하지만 우리 대부분은 이미 알고 있습니다. 우리는 몸을 통해 쉽게 환원될 수 없는 다양한 수준의 정보를 주고받는다는 것을 말이지요. 육체가 없는 인간, 시간을 제거한 인간을 상상할 수 없다면, 몸과 무관한 의식을 상상할 수 없다면, 어떤 분들에게는 기이한 말로 들릴지도 모르지만, 우리에게는 희망이 있습니다.

우리는 본능적으로 우리가 사는 이 세계가 궁극적인 세계가 아님을, 그리고 이 세계를 우리가 소유하고 있지 않음을 압니다. 그리고 무언가가 그러한 환상으로부터 우리를 돌이키고 있음을 압니다. 그 무언가는 우리가 보는 것, 우리가 아는 것, 우리가 감지하는 것이 우리가 속해 있는 세계의 전부가 아니라 일부, 한 측면임을 끊임없이 상기시킵니다.

리어 왕이 "냉혹한 폭풍우"를 통해 비가 오면 젖게 된다는 새삼스러운 사실을 깨닫게 되듯 우리의 헛된 야망은 저 상기를 통해 무너집니다. 자급자족에 대한 신화, 물질과 우리의 본질적인 분리라는 기괴한 신화는 구멍이 뚫립니다. 이러한 신화는 언제까지 계속될 수는 없습니다. 전 세계적으로 환경 문제에 대한 사람들의 의식이 높아지고 있다는 사실은 지난 몇백 년 동안 우리가 저 환상에 사로잡혀 있음을 깨닫고 있다는 점을 보여 줍니다. 희망은 우리의 몸에 새겨진 인간성과 다시 연결되는 데 있습니다. 동시에, 우리는 균형을 추구해야 합니다. 몸에 각인된 앎, 특정 지역에 바탕을 둔 앎이 다른 지역에 사는 이들, 다른 언어와 풍경을 이해할 가능성을 남기지 않는다면 어떻게 될까요? 우리가 몸을 지닌 존재라는 이야기는 서로의 유사성을 확인하고 대화를 나누며(때로는 논쟁하며) '모두'의 길을 찾는 대신 왜곡될 위험, 다른 것들로부터 고립된, 폐쇄적인 지역 생태를 구축하려는 시도로 빠질 위험이 있습니다. 다시 한번, 우리는 모두 몸을 지니고 있습니다. 그리고 우리는 모두 시간을 살아갑니다. 이러한 직접적인 친연성, 그리고 학습 과정의 가능성을 부정한다면 보편 이성이나 보편 권리에 대한 감각은 결코 발달할 수 없습니다. 저들에 대한 감각을 무르익게 하는 건 결코 추상적인 것을 발견하는 활동이 아닙니다. 한 사람이 다른 사람과 관계를 맺고 교류하는 과정은 서로의 유사성을 인지하며 둘 사이에 놓인 틈과 차이를 가로지르는 다리를 놓는, 시간이 걸리는 활동입니다. 나와 다른 이 사람, 내가 속한 문화와 다른 저 문화도 나, 그리고 내 문화처럼 환경의 도전과 마주하고 있습니다. 다른 이가 하는 일에 관심을 가질수록 나는 내가 하는 일을 더 잘 이해할 수 있습니다.

대화를 나누며 우리는 반복해서 '관심', '주의를 기울이다', '가지런히 하다', '재배열하다'와 같은 표현을 썼습니다. 보편적 권리와 정의에 대한 추상적인 생각, 인간을 어떤 보편 원리의 추상적인 소유자로 보려는 시선과 생각에 맞서야 한다고 생각했기 때문입니다. 우리는 시몬 베유가 말한 뿌리, 그러니까 우리 존재에 대한 근원적인 감사와 소속감을 되새기면서 동시에 집단주의와 부족주의에서 벗어날 수 있는 관점을 세우는 길에 대해 숙고했습니다. 베유는 '관심'에 대해 이야기하면서 오직 개별자, 개별적인 것만이 참된 관심의 대상이 될 수 있다고 암시합니다. 오직 개별적인 것을 통해서만 정의는 실제로 이루어집니다(윌리엄 블레이크William Blake가 선과 정의는 세밀하고 개별적인 것들을 통해 이루어진다고 한 말을 생각해 보십시오. 여느 탁월한 예술가들이 그러하듯 그의 예술 활동을 추동하는 힘은 세밀하고 개별적인 것들에 대한 관심이었습니다).

또한, 대화를 나누며 우리는 '정의'가 요구하는 것이 무엇인지, 정의와 사랑은 어떠한 관계를 맺고 있는지를 살펴보았습니다. 이를 위해 (통념적인 의미에서) 지적 활동의 산물들뿐만 아니라 상상력의 산물들을 두고서도 이야기를 나누었지요. 우리는 사랑을 타자를 본연의 모습 그대로 받아들이는, 그리고 본연의 모습이 되게 해 주는 활동, 이러한 상황 가운데 '나'의 생존을 두려워하는 자아의 굴레에서 빠져나오는 활동으로 보았습니다. 이러한 맥락에서 살과 피를 지닌 정의, 그렇기에 온전한 정의는 타자가 어디에 있고, 무엇이며, 누구인지, 그리하여 자신이 어디에 있고, 무엇이며, 누구인지를 올바로 보는 것입니다. 이는 곧 타자와의 경쟁, 타자의 위협이라는 드라마를 내려놓고 벗어나는 것을 의미합니다. 그리스도교 용어를 빌려 말하면 하느님의 형상이라는 우리의 공통된 피조성을 발견하고 받아들이는 것이라 할 수 있겠지요. 물론 우리의 자아는 다양한 경험을 통해 단련됩니다. 그리고 교육받습니다. 이러한 삶의 장에서 우리의 자아는 경쟁과 위협이라는 이야기에서 벗어나라는 요청을 받으며, 그렇게 되도록 도움을 받습니다. 정의는 바로 이 지점에서 일어납니다. 이때 정의는 억압, 상처, 혹은 어떤 상황에 응답하는 정의인 만큼이나 적절한 행동으로서의 정의, 진실하게 보는 것으로서의 정의, 예술로서의 정의, 더 나아가서는 기도로서의 정의일 것입니다.

이야기를 나누어준 메리에게 깊은 감사를 표합니다. 정의와 사랑에 대해 성찰하면서 우리는 각자가 불편하게 여기는 소리를 잠재우거나 제쳐두려 하지 않으려, 우리의 대화 또한 사랑에 바탕을 두고 올바르게 진행하려 노력했습니다. 물론 여느 노력이 그러하듯 이러한 노력도 제대로 이루어지지 않을 수 있으며 잘못될 수 있음을 저는 기꺼이 인정합니다. 하지만 시도할 만한 가치는 충분했습니다. 책을 보시면 알 수 있듯 우리는 고통스러운 일들, 테러, 혼란스러운 사건들을 계기로 대화를 이어 나갔습니다. 그렇기에 우리는 대화를 나누는 동안 우리가 상상할 수 없는 고통, 상실, 절망을 짊어진 사람들, 전 세계에서 범람하고 있는 당파주의와 마주해 대화를 나누고 있음을 의식했습니다. 2020년 1월, 우리의 대화를 마무리 짓는 이 시점에서, 중동에서 유혈 사태를 동반한 첨예한 갈등이 일어날 가능성이 높아졌다는 소식이 들려옵니다(그리고 이러한 지역 갈등이 얼마나 순식간에 세계화되는지를 목도합니다). 저는 이 시간이 희미하지만, 우리 모두가 연약한 육체와 연약한 세계를 공유하고 있다는 의식, 그러한 의식에 뿌리내린 믿음, 인간에 대한 희망을 검증해 볼 기회라 생각합니다. 이를 알고, 끌어안기란 무척이나 어려운 일이겠지요. 하지만 언제나 결정적인 시험은 진정 사랑으로 간주할 수 있는 것이 무엇인지를, 내가 아닌 것, 내 것이 아닌 것이 진실로 있음을 깨닫고 이를 받아들이는 것입니다. 정의와 화해는 모두 이 시험의 장에서 시작됩니다.

2020년 1월

케임브리지에서

로완 윌리엄스

에필로그

로완 주교님께

대담집이 마무리된 이후에도 세상에서는 많은 일이 일어나고
있네요. 여전히 할 말이 많은데, 그건 아마 또 다른 대화로 이어
져야겠지요. 다시 한번, 우리가 어디에 있는지를 가늠해봐야 하
는 시점에 온 것 같습니다. 이 위태로운 시기를 보내는 가운데
정의와 사랑의 가치를 되새겨 보는 일이 너무나 중요해졌어요.

이 땅을 살아가는 모든 사람은 코로나 19에 어떤 식으로든 영
향을 받고 있습니다. 코로나 19는 우리 일상을 바꾸었지요. 많은
정부가 속도를 늦추고, "동면"을 하고 있습니다. 저는 이러한 와
중에 경제의 방향이 어떻게 바뀔지에 관심을 기울이고 있어요.

여러 나라 정부가 팬데믹과 같은 세계적인 문제, 위기를 해결하기 위해 함께 대응할 수 있는 잠재력이 있음을 알게 되어 한편으로는 안도하면서도, 팬데믹 훨씬 전부터 있던 환경 문제를 포함한 다른 형태의 위기들에 대해서는 아무런 행동도 하지 않는 것 같아 염려가 됩니다. 주교님과 이야기한 자유와 권리의 축소 문제는 앞으로도 전체 공동체들에 장기적인 영향을 미칠 것 같아요. 그 어느 때보다도, 어딘가에 속한다는 것, 머무른다는 것이 무엇을 의미하는지, 우리가 삶에서 무엇을 중시하는지를 물어야 하는 시기입니다. 팬데믹으로 인한 환경의 변화에 따른 정서적 비용, 경제적, 사회적, 정치적 비용에 대해, 가정-직장의 형태가 어떻게 바뀌었는지, 이러한 변화가 사람들에게 어떠한 영향을 미쳤는지, 특히 노인과 환자들의 정신 건강에는 어떠한 영향을 미쳤는지, 학대의 위험이 커지지는 않았는지, 사람들이 서로 분리된 현상이 어떠한 파장을 미칠지 등등을 생각해 보아야 겠지요.

홀로 사는 일의 어려움, 외로움, 고립, 절망의 위험은 이제 특정 공동체나 사회의 문제가 아닌 모든 이의 현실적인 문제가 되었습니다. 물론, 그런 와중에도 리키 저베이스가 만든 《애프터라이프 앵그리맨》 두 번째 시즌은 약간의 위안을 주었지요(주교님도 아시겠지만, 저는 이 시리즈의 열렬한 팬입니다). 저베이스는 일상을 다루는 데 탁월한 재능이 있습니다. 그래서 이 기간 저에게 훨씬 더 와닿았던 것 같아요. 한 에피소드에서 (저베이스가 연기한) 토니가 일하던 신문사는 팔리게 되고 신문사 직원들은 절망에 빠집니다. 비록 돈을 벌지는 못하지만, 그들이 인간으로서 살아있음을 느끼게 해주는 것은, 그리고 공동체의 구성원이라는 의식을 갖게 해주는 것은 신문사에서의 일이었으니까요. 우연히 토니는 신문사 소유주인 폴을 만나게 되고, 그에게 신문사를 팔면 사람들의 삶이 파괴될 것이라고 이야기합니다. 그러면서 신문이 지역 사람들의 괴상하고 멋진 이야기를 들려주는 데 중요한 역할을 하고 있음을 상기시키지요. 심사숙고 끝에 폴은 향후 1년 동안은 신문사를 유지하기로 결정합니다. 토니가 그의 마음을 돌렸기 때문이 아니라 신문 판매로 얻을 돈이나 이익이 정말로 중요하지 않음을 깨달았기 때문에, 신문을 통해 사람들이 실제로 교류하고 있음을 깨달았기 때문이지요. 저는 이런 인식, 감각을 모두가 갖게 되기를 바랍니다. 관계를 유지하고, 새로운 사회적 유대를 만드는 것이야말로 우리 자신과 다른 사람들에 대한 책임을 지는 것임을 깨닫기를 바라요. 그리고 믿음과 상상력은 공동체 의식과 연대 의식을 키우는 데 도움을 주겠지요.

많은 사람이 사회, 경제 변화라는 거대하고도 냉혹한 문제와 마주하고 있습니다. 그리고 이러한 현실은 주교님과 제가 근본적으로 고민했던 문제를 다시금 던지게 합니다. 이기적이거나 무자비한 결정은 사람들에게 어떠한 영향을 미칠까요? 균형을 고려하지 않고 편견에 사로잡힌 결정들은 여러 공동체와 사람들에게 어떠한 영향을 미칠까요? 코로나 19 이후 세계는 어떻게 될까요? 사회, 경제적 위기는 나날이 다양해지고 있고 그럴수록 인도주의, 사회적 양심, 공공선에 대한 감각을 어떻게 유지해야 하느냐는 문제는 더 심각하게 부상하고 있습니다. 지역의 차원에서, 그리고 세계의 차원에서 사람들이 경험하는 취약함, 이질적인 것들이 미치는 영향, 즉 공동체의 구성원으로서 마주하게 되는 구조의 문제들이 더 피부에 와닿고 있음을 느낍니다. 그뿐만 아니라 코로나19를 겪으며 우리는 분노, 슬픔, 불확실성이라는 문제를 더 직접적으로 마주하게 된 것 같아요. 구조적 불평등과 인종차별주의가 결합해 여러 면에서 해악을 미치고 있고 또 남용되고 있습니다. 주교님과 대화하면서 언급했던 베유의 질문("왜 내가 해를 입어야 하는가?")이 곳곳에서 제기되고 있어요. 진리, 정의, 사랑의 정신이 필요한 문제들을 던지고 있는 것이지요. 이 상처에 관한 문제는 시민의 자유가 침해받고 있는 현실, 인간의 존엄성이 상실되고 있는 현실의 중심에 있습니다.

흑인 인권 운동가이자 교수인 코넬 웨스트Cornel West는 조지 플로이드George Floyd의 죽음과 관련해 진행한 인터뷰에서 "우리에게는 영적, 도덕적, 민주적인 혁명이 필요하다"고 말한 적이 있습니다. 인종차별이라는 (미국에 있는 제 친구의 말을 빌리면) '조용한 위협'으로 인해 많은 사람이 정신적 상처와 절망의 일상을 살고 있음을 알리는 것이겠지요. 미국을 포함한 전 세계에서 이에 관한 저항이 일어나고 있다는 건 다행인 일입니다. 하지만 좀 더 근본적인 차원에서 우리는 인간의 존엄성, 타인에 대한 관심을 두고 숙고해 보아야 한다고 생각해요. 시민으로서의 삶을 재구성하면서 폭력의 문제를 해결하려면 말이지요. 베유가 말했듯, 그리고 우리가 이야기했듯 무력과 폭력의 게임이 반복될 뿐이라면 승자는 아무도 없습니다. 이러한 면에서 인간의 권리와 존엄을 위해 "사랑의 전사"로서 사랑과 정의로 싸우라는 웨스트의 요청은 되새겨 볼 필요가 있는 것 같아요.

현재 사회에 퍼진 공포, 외로움, 고립은 팬데믹 훨씬 전부터 존재했던 '사회적 거리'와 마찬가지로 지속적으로 다루어야 할 것입니다. 지금 일어나고 있는 일은 향후 수십 년 동안 우리에게 영향을 미칠 것이기 때문이지요. 정치 이론가 안토니오 그람시 Antonio Gramsci가 제안했듯 우리는 혁명적 변화를 위해 과거와 현재를 다시금 살피고 정리해야 합니다. 그중에서도 가장 중요한 일은 우리 사이에 존재하는 거리를 살피고, 다시 생각해 보고 이로 인해 생긴, 우리를 갈라놓는 틈들을 가로지르는 다리를 만드는 것이겠지요.

다가오는 미래가 염려되면서도, 한편으로는 희망을 가져 봅니다. 미래에 우리가 더 많은 이야기를 나눌 수 있기를 바랍니다. 그리고 이를 위해서라도 이 어두운 날들에 대한 생각들을 주교님과 나누고 싶습니다. 어떻게 이 잿더미에서 삶의 은밀한 기쁨, 경이, 환희가 다시 나타날 수 있는지 말이지요.

언제나처럼, 메리

메리에게

　말씀하신 것처럼 최근 몇 달, 심지어 최근 몇 주의 사태들은 우리가 나눈 대화를 새로운 맥락에서 돌이켜 보게 만듭니다. 팬데믹은 우리 사회에 내재한 어마어마한 불평등을 드러냈습니다. 고난이 닥쳤을 때 누가 가장 큰 대가를 치르는지 우리에게 확실히 알려 주었지요. 또한, 팬데믹은 여러 공동체가 각기 다른 수준의 안전을 누리고 또 당연시하고 있음을 새삼 보여 주었습니다. 그뿐만 아니라 우리 사회가 노동자들에게 보상하는 기준에 대해서 사람들이 다시 생각해 보게끔 요청하고 있지요. 사람들을 돌보고, 간호하고, 교육하고, 폐기물을 수거하고, 대중교통을 운행하는 노동자들은 우리가 안심하고 사회에서 생활할 수 있도록 막대한 기여를 하고 있습니다. 우리 사회는 그런 기여도에 따라 노동자에게 대가를 지불해 온 것 같지는 않아요. 사회를 지탱하고 안정을 유지하는 직업의 상당수가 틀에 박히고 따분한 것으로, 심지어는 '저숙련' 노동으로 치부되어 왔다는 사실을 더는 무시할 수 없게 되었습니다.

　이 같은 위기의 시대에 우리는 무엇을 희망할 수 있을까요? 저는 우리 사회가 함께 사는 삶을 지탱하는 데 필요한 기술들에 더 세심하게 주목하는 방향으로 나아갈 수 있다고 믿고 싶습니다. 이를테면 정책적 의사 결정의 영향을 정확히 분별하고, 이런 정책이 여러 집단에 공정하게, 혹은 비례 원칙에 따라 영향을 미치는지 아닌지를 판단하는 기술 말이지요. 여기에는 아이들에게 참된 공동선에 대한 전망을 가르치는 기술, 사람들이 사회 안전 망에 의해 보호받는다는 확신을 가지면서 미래를 생각하고 계획할 수 있도록 필요한 현실적 조치를 평가하고 시행하는 기술도 포함될 겁니다. 이런 것들은 결코 '저숙련' 기술이 아니지요.

이런 희망의 이면에는 우리가 이 책에서 여러 각도로 씨름해 온 더 심오한 물음이 자리 잡고 있습니다. 우리가 서로를 올바로 대하려면 어떻게 해야 할까요? 우리가 서로의 존재를 온전히 인식하려면 어떻게 해야 할까요? 노예 제도라는 끔찍한 유산과 오늘날에도 계속되는 인종주의적 폭력은, 다양성을 지닌 한 인구 집단 전체가 본질적으로 우리에게 낯선 존재, 위협적인 존재, 폭력적인 존재, 제멋대로인 존재라고 인식한 데서 생겨났습니다. 피해 집단은 삶과 문화가 잔인하게 파괴되고, 뿌리 뽑히고, 착취당하고, 모욕당하고, 수백만이 살해당하는 고통을 겪었지만, 왜곡된 인식에 갇힌 가해 집단은 그런 고통을 전혀 인식하려 하지 않았습니다. 올바로 보고, 배우기를 거부하면 파괴는 계속되겠지요.

배움의 과정을 통해 진실로 변모된 사람은 다른 사람을 환대하는 법을 알게 됩니다. 수천 년간 이어진 의심, 상처를 그대로 물려받고 반복한다면 이는 거의 불가능하겠지요. 하지만 아주 불가능한 일은 아닙니다. 이제 우리는 과거의 잘못된 유산을 이어가려는, 이를 자기 권력 확장의 도구로 삼으려는 교활하고 기만적인 술수들을 알아채는 데 조금은 더 능숙해졌기 때문이지요. 근대는 우리에게 비판하는 법을 가르쳐 주었습니다. 안타까운 건, 그런 비판을 제대로 적용하는 법은 배우지 못한 듯하다는 것입니다. 그리고 이는 우리가 나눈 대화의 또 다른 주제인 '전환', 그리스도교 용어를 쓰자면 '회심'과 깊은 관련이 있습니다. 우리는 우리의 생각 자체에 대해, 우리의 욕망 자체에 대해 지금까지와는 다른 관점에서 생각해야 하고, 새롭고 낯선 위치에서 행동해야 합니다. 말하자면 우리는 다시 태어나야 하는 것이지요.

이 말은 당혹스럽게 들릴지도 모르지만 분명한 진실을 담고 있습니다. 우리의 도덕적 전망은 낡고 굳어 버린 자기주장의 영역 바깥 어딘가에서 시작되어야 합니다. 도덕적 삶이란 (수술실의 의료진, 오케스트라 단원들, 로프로 연결된 산악인들처럼) 바로 옆 사람이 성공적으로 과업을 수행하도록 도와야만 나도 성공할 수 있는 것이라는 진실을 우리는 분명히 깨달아야 합니다. 인종주의는 명백히 어리석은 생각입니다. 고삐 풀린 소비 자본주의와 모든 존재의 상품화도 마찬가지고요. 팬데믹이나 환경 재난 같은 전 지구적 문제에 대한 단편적인 대응, 경쟁심에서 비롯한 대응도 어리석은 짓입니다. 이웃이 잘 되면 나에게는 손해라고 전제하는 사고방식 또한 어리석은 생각이지요.

우리의 대화를 접한 독자들이 어리석은 생각을 조금이나마 더 잘 분별하게 되기를 희망합니다. 저명한 일부 정치 지도자들을 보면, 우리가 할 일이 아직 많이 남았다는 생각이 드네요. 우리는 어리석은 생각에 대해 관용을 베푸느라 (혹은 정치인들이 내뱉는 어리석은 소리를 냉소적으로나마 받아들이느라) 너무나 막대한 노력을 들이고 있지요. 토양과 바다를 오염시키는, 재활용 불가능한 거대한 플라스틱 더미가 우리 경제의 위험성에 대한 암울한 은유인 것과 마찬가지로, 터무니없는 말이 쌓이고 쌓여 이제 해체되거나 허물어지지도 않고 건전한 주장과 조화를 이루게 될 수도 없는 오늘날, 우리는 이러한 말의 무더기에 깔려 질식할 위험에 처해 있습니다.

팬데믹이 불러온 세계는 수많은 사람이 현실을 달리 상상해 보도록 만들었습니다. 우리는 그동안 당연시한 것들이 얼마든지 달라질 수 있음을 배웠지요. 이렇게 배운 것을 잊지 않는 것이야말로 우리에게 주어진 과제입니다. 어떤 분들이 지난 몇 달 동안 하늘의 별을 더 또렷하게 볼 수 있게 되어 기쁘다고 말하는 것을 듣고 저는 여러 생각이 들었습니다. 과거 어떤 시대보다도 풍부한 천문학 지식을 갖춘 사회에 살지만 밤하늘의 별을 또렷하게, 기쁜 마음으로, 경이에 차서 볼 기회가 이전 어떤 시대보다도 적다는 것은 얼마나 기이한 일인지요. 우리 모두가 깨달은 바를 잊지 않기를, 그리고 이 작은 책이 별을 바라보는 데 조금이나마 도움이 되기를 진심으로 바라며 기도합니다.

로완

로완 윌리엄스와의 대화

– 정의와 사랑에 관하여

초판 발행 ｜ 2023년 1월 31일

지은이 ｜ 로완 윌리엄스 · 메리 저나지
옮긴이 ｜ 강성윤 · 민경찬

발행처 ｜ 비아
발행인 ｜ 이길호
편집인 ｜ 이현은
편　집 ｜ 민경찬
검　토 ｜ 손승우 · 이은창 · 황윤하
제　작 ｜ 김진식 · 김진현 · 이난영
재　무 ｜ 강상원 · 이남구 · 김규리
마케팅 ｜ 김미성
디자인 ｜ 손승우

출판등록 ｜ 2020년 7월 14일 제2020-000187호
주　소 ｜ 서울시 강남구 봉은사로 442 75th Avenue 빌딩 7층
주문전화 ｜ 02-590-9842
이메일 ｜ viapublisher@gmail.com

ISBN ｜ 979-11-92769-08-0 03230
한국어판 저작권 ⓒ 2023 ㈜타임교육C&P